URSPRUNG DES LEBENS

GRUNDRISS

VERTIEFUNGEN

ANHANG

SPEKULATIONEN UND THEORIEN

Drei Ereignisse der vergangenen vierzehn Milliarden Jahre erscheinen besonders bemerkenswert: der Urknall, die Entstehung des Lebens und die Evolution von Bewusstsein. Jedes dieser Ereignisse können wir als einen Übergang auffassen. Für den *Übergang von* der unbelebten zur belebten Welt, den Ursprung des Lebens, gilt heute noch, was Thomas Mann in seinem 1924 erschienenen ›Zauberberg‹ dem schlummernden Hans Castorp in den Halbschlaf schreibt: »Was war das Leben? Niemand wußte es. Niemand kannte den natürlichen Punkt, an dem es entsprang und sich entzündete.«

Die acht Säulen des Lebens

Es hat nicht an Versuchen gefehlt, *Leben* zu definieren. Jeder dieser Definitionen kann aber mit guten Gründen widersprochen werden. Wir sind vorsichtiger und zählen daher acht Eigenschaften von Leben auf, die man auch die acht Säulen des Lebens nennen könnte.

1. Jedes Lebewesen hat eine Begrenzung und ist somit ein *Kompartiment*, ein Körper, der wiederum in verschiedene Kompartimente eingeteilt ist. Es gibt dadurch ein Innen und ein Außen. Körper bestehen aus Organen, Organe aus Zellen, Zellen haben eine innere Struktur. Ohne Haut, Organe und Zellmembranen könnte nichts gelingen. Es gäbe bestenfalls eine dünne Suppe von Chemikalien. Die Trennung von innen und außen schützt und ermöglicht das Ansammeln von Stoffen und deren chemische Reaktionen.

2. Ebenso wichtig wie die Begrenztheit ist die Offenheit. Lebewesen sind offene Systeme, die aus ihrer Umwelt *Energie* aufnehmen

S. 101 und einen Stoffwechsel unterhalten. Durch **Photosynthese** bauen Pflanzen Kohlendioxid (CO_2) und Wasser (H_2O) zu Zucker ($C_6H_{12}O_6$) und Sauerstoff (O_2) um, die in der Atmung wieder zu Wasser und Kohlendioxid umgesetzt werden. Das grundlegende Prinzip der Energiegewinnung ist die Verbrennung, die Oxidation. Lebewesen sind Systeme, die den Verbrennungsvorgang gezähmt haben und ihn nutzbringend ablaufen lassen können. In jeder Zel-
S. 79 le wird Energie in Form von **ATP** gehandelt.

3. Stoffwechsel beruht auf spezifischer *Katalyse*. Katalysatoren sind Stoffe, die bestimmte chemische Reaktionen wahrscheinlicher machen als andere, nichtkatalysierte Reaktionen. Sie beschleunigen und dirigieren den Fluss der Energie und der genetischen Information in einer Zelle. Die Katalysatoren der Zelle heißen Enzyme und bestehen meist aus Protein (Eiweißverbindungen). Diese Katalysatoren sind spezifisch, das heißt sie akzeptieren nur wenige Ausgangsstoffe und können nur eine oder wenige Reaktion(en) katalysieren. Eine ATPase zum Beispiel bindet nur ATP; das dem ATP ähnliche GTP ignoriert sie.

4. *Regulation* ermöglicht es, dass Lebewesen in unterschiedlichen Umgebungen zurechtkommen und dabei nicht aus dem chemischen und biologischen Gleichgewicht geraten. Das nennt man auch Homöostase. Das Hungergefühl, das sich einstellt, wenn wir länger nichts gegessen haben, ist ebenso Bestandteil eines regulativen Netzwerkes wie der Einbau eines Nährstofftransporters in die Außenmembran eines Bakteriums, wenn viele Nährstoffe zur Verfügung stehen.

5. Ein regulierter Stoffwechsel ermöglicht es, dass Lebewesen *wachsen*, indem sie sich Nährstoffe aneignen, die dann ein Teil des Organismus werden. Im anabolen (aufbauenden) Stoffwechsel wer-

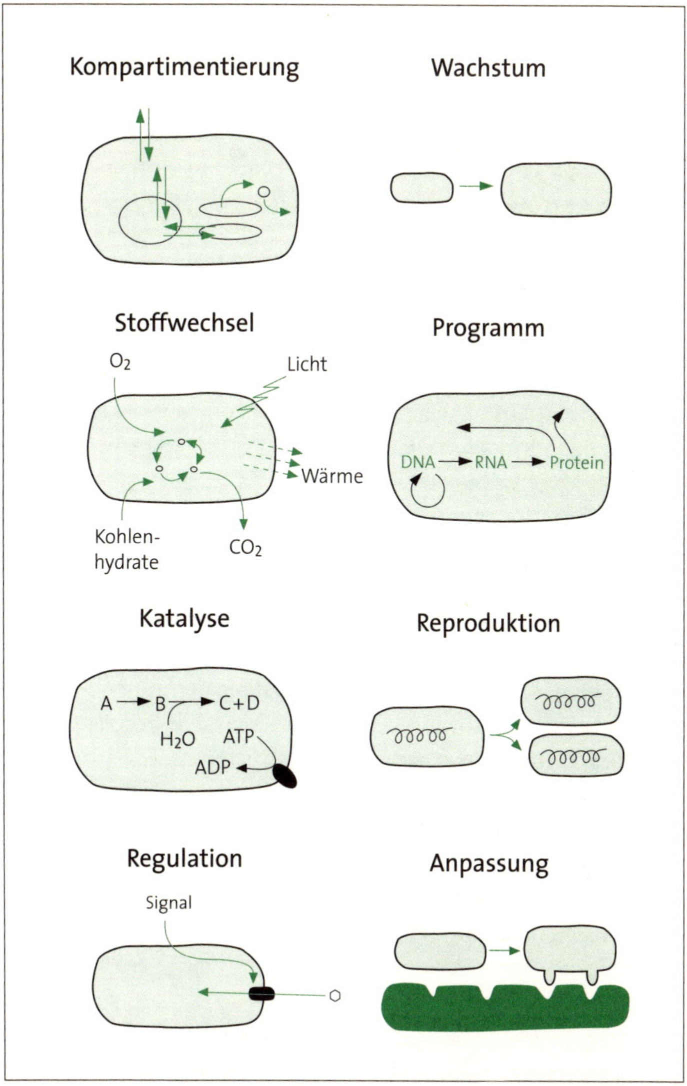

Acht Eigenschaften von Leben.

den die Grundbausteine der Zelle unter Energieverbrauch produziert. Im katabolen (abbauenden) Stoffwechsel entsteht Energie aus dem Abbau von Zuckern, Fetten und anderen Stoffen. Anaboler und kataboler Stoffwechsel ergänzen einander und finden stets zugleich in allen Zellen eines Lebewesens statt. Je nach Zelltyp und Stoffwechsellage überwiegt mal der aufbauende, mal der abbauende Stoffwechsel.

6. Leben folgt einem genetischen *Programm*. Jede Zelle enthält dieses Programm vollständig auf ihren Chromosomen. Chromosomen enthalten Gene, die aus DNA-Strängen bestehen. Die DNA kann in eine DNA-ähnliche Form, die RNA umgeschrieben werden. RNA wiederum ist die Vorlage für die Herstellung von Enzymen und anderen Proteinen. Die genetische Information fließt von der DNA über die RNA hin zum Protein.

7. Zellen können sich teilen und fast identische Tochterzellen als Nachkommen bilden. Der DNA-Doppelstrang wird dazu kopiert. Die Verdopplung der DNA nennt man Replikation. Auf der Beschreibungsebene der Zellen und Organismen nennt man Vermehrung *Reproduktion*. Die meisten Lebewesen haben einen doppelten Chromosomensatz und damit jedes Gen zweimal. Sie können besondere Zellen herstellen, in denen jedes Gen nur einmal vorkommt: die Keimzellen (Gameten). Während der Entstehung der Gameten vermischen sich die Informationen der beiden Chromosomen, hierbei kommt es zur Rekombination. Die einfachen Chromosomensätze der Keimzellen bilden nach der Befruchtung (**Sex**) wieder einen doppelten Chromosomensatz. S. 108

8. Das Programm selbst kann sich durch *Anpassung* im Laufe der Zeit verändern. Daher können Lebewesen in unterschiedlichen Umwelten leben. Sich schwimmend im dunklen Meer fortzube-

wegen stellt andere Anforderungen, als sich als Blütenpflanze nach der Sonne zu recken. Mutation und Selektion machen das möglich.

Die acht Säulen des Lebens sind also *Kompartimentierung*, *Energiestoffwechsel*, *Katalyse*, *Regulation*, *Wachstum*, *Programm*, *Reproduktion* und *Anpassung*. Auswahl und Anordnung dieser Eigenschaften sind diskutabel. Zum Beispiel nennen manche Autoren die Fähigkeit zur *Regeneration* als eine weitere Eigenschaft des Lebens. Auch sind die aufgezählten Eigenschaften nicht unabhängig voneinander. Anpassung braucht Reproduktion und Regulation. Die Ausführung eines genetischen Programms braucht Katalyse und Energiestoffwechsel. Energiestoffwechsel braucht Katalyse. Katalyse braucht Enzyme, die Produkte des genetischen Programms sind. Ein undurchdringliches Gewirr von Verflechtungen. Wo kann man da anfangen, um den Mechanismus des Lebens zu verstehen? Und wo soll man anfangen, um den Anfang des Lebens zu verstehen?

Unser Verständnis vom Ursprung des Lebens hängt davon ab, welche dieser Eigenschaften wir für besonders grundlegend halten und welche wir fast vernachlässigen. Hinter *eine* Entwicklung aber in unseren Vorstellungen vom Leben können wir nicht zurück: Gemeint ist das *molekulare* Leben, wie es mit den Begriffen der Biologie, Chemie und Molekularbiologie beschrieben wird. Diese Festlegung soll Enttäuschungen vorbeugen. Wenn die einfachsten Lebensformen wie Bakterien mit eingeschlossen werden, können wir nicht gleichzeitig nach den spezifischen Eigenschaften menschlichen Lebens fragen. Wenn wir nach der Entstehung der einfachsten Lebensformen fragen, lernen wir grundsätzliche Mechanismen der chemischen und biologischen Entwicklung kennen, die auch über die Anfänge hinaus Geltung haben. Und wir lernen, wie komplex bereits die scheinbar einfachsten Lebewesen sind.

Antike Vorstellungen

Das Leben wird uns umso mehr als eine Eigenschaft von Molekülen erscheinen, je mehr wir uns seinem Ursprung nähern. Das Leben erscheint aber auch umso molekularer, je mehr wir uns in der Geschichte der Wissenschaft der Gegenwart nähern.

Die frühen Philosophen vor Platon (circa 427–347) stehen am Anfang der Naturwissenschaft, weil sie Mythen oder eine personifizierte göttliche Macht als Erklärungsprinzip ablehnten und nach allgemeinen Prinzipien hinter den vielfältigen natürlichen Erscheinungen suchten. Die erste Philosophie war eine Kosmologie, die stets auch Spekulationen über den Ursprung des Lebens enthielt. Mit der Wissenschaft von der Natur ist der Mensch nicht mehr nur Spielball des Schicksals, sondern er ist in der Lage, Naturabläufe zu verstehen und zu beeinflussen.

Von Thales (um 624–546) stammt die Vorstellung, Wasser sei der Urstoff des Lebens. Aus Thales' Berechnung der Sonnenfinsternis von 585 v. u. Z. haben sich auch wichtige Kriterien für das ergeben, was wir heute *Theorie* nennen: Prognose, Überprüfbarkeit, Konsistenz. Nach Anaximander, einem Thales-Schüler, wurden die ersten Lebewesen aus Wasser geformt und hatten Schalen, die sie im Verlauf ihrer Reifung verloren. Tiere entstanden aus Wasser durch Verdunstung in der Sonne. Der Mensch wurde in einem anderen Lebewesen geboren und entwickelte sich in einem Fisch. Als er für sich selbst sorgen konnte, ging er an Land. Für Xenophanes (um 565–470) waren die Grundprinzipien Erde und Wasser. In der Vergangenheit war die Erde vom Wasser bedeckt, Pflanzen und Tiere bildeten sich, und das Wasser verschwand. Nach Anaxagoras (um 505–428) besteht das Universum aus einer unendlichen Anzahl von Samen, die eine unbegrenzte Anzahl von Qualitäten haben. Im Kontakt mit der Erde entstehen daraus lebende Formen. Er prägte den Begriff Panspermie für diese omnipotenten Samen. Leukipp entwickelte die ersten Vorstellungen von einem unteilbaren Atom. Sein Schüler Demokrit (um 460–370) leitete daraus ein universelles Prinzip ab. Aus der Kombination von Erd- mit Feuer-Atomen haben sich die ersten Lebewesen entwickelt. Von Empedokles (circa 495–435) stammt die Vorstellung der vier Elemente Erde, Wasser, Feuer und Luft. Bei allen Vorgängen in der Natur trennen und verbinden sich diese vier Elemente. Das Leben sei durch das Zusammenwirken von Erde und Feuchtigkeit unter dem Einfluss von Wärme entstanden. Zunächst haben sich Pflanzen gebildet, danach die Extremitäten von Tieren, die zunächst allein unterwegs waren und sich dann in zum Teil komischen Formen zusammengefunden haben. Es gab Selektion, aber keine Evolution.

Aristoteles (384–322) gilt als Begründer der Biologie. Er führte die *Beobachtung* als Methode in die Wissenschaft ein und legte eine erste Klassifikation der belebten Welt vor. Leben entsteht nach Aristoteles entweder durch geschlechtliche Fortpflanzung oder durch Urzeugung aus toter Materie unter Wärmeinwirkung. Nur niedere Lebewesen wie Pflanzen, Würmer, Insekten oder Fische können sich durch Urzeugung verbreiten. Die geschlechtliche Fortpflanzung sei ein planvoller und zielgerichteter Vorgang, bei dem die Seele über den Samen vererbt wird.

Urzeugung oder der Kampf mit den Flaschen

> Der Abbé, ein hochfahrender Mann, *kleines Kinn, stechende Augen,*
> *von elektrischem Temperament, doch ziemlich fett*, besteigt den Vesuv,
> scharrt im Kraterfeld, um die frische Lava einzuverleiben
>
> seinem berüchtigten Kabinett, darin Gekröse, Mißgeburten,
> Würmer in Flaschen. Nach Spiritus riecht es, nach fauligem Fleisch.
> In die beißenden, ranzigen Schwaden mischt sich ein Schwefeldunst.

Dem italienischen Gelehrten Lazzaro Spallanzani (1729–99) widmet Hans-Magnus Enzensberger eine seiner »siebenunddreißig Balladen aus der Geschichte des Fortschritts«. Spallanzani, ein vielseitiger und geschickter Experimentator, gilt als einer der Begründer der experimentellen Biologie. Er versuchte, die Urzeugungslehre des britischen Priesters John de Turbeville Needham (1713–81) zu widerlegen.

Unter Urzeugung oder Spontanzeugung verstehen wir die Auffassung, Lebewesen könnten sich spontan aus unbelebter Materie bilden. Im Unterschied dazu steht die Abiogenese, die ursprüngliche Entstehung von einfachen Lebewesen in einer Hunderte von Millionen Jahre umfassenden Evolution. Dass Urzeugung zumindest für einfache Lebewesen möglich sei, wurde seit Aristoteles für mehr als zweitausend Jahre angenommen. Eine der berühmtesten Beschreibungen von Urzeugung findet man bei Johannes Baptista von Helmont (1579–1644), der sogar ein Rezept für Urzeugung in einem Kochtopf angibt, für das man im Wesentlichen verschmutzte Unterwäsche und Weizenkeime braucht, um dann nach drei Wochen Mäuse zu erhalten.

Francesco Redi (1626–97) – Dichter, Gelehrter und Mediziner am Hofe der Medici in Florenz – war einer der Ersten, die der Unmöglichkeit von Urzeugung wissenschaftlich nachgingen. Er untersuchte 1668 die Entstehung von Insekten und experimentierte mit Flaschen gleichen Inhalts, gefüllt mit Fleisch oder Pflanzenextrakten, die er entweder geöffnet ließ oder mit Gaze verschloss. Nach einiger Zeit beobachtete er nur in den offenen Flaschen Fliegenlarven und Fliegen. Er sei »geneigt zu denken«, dass alles Leben »von Pflanzen und Tieren selbst abstammt, und dass diese den Bestand ihrer Art durch ihren eigenen Samen bewahren«. Redi widerlegte nicht nur die Urzeugung von Fliegen, sondern klärte auch noch den Zusammenhang von Larven und den sich daraus entwickelnden Insekten.

Die Entwicklung der ersten Mikroskope im 17. Jahrhundert hatte einen zwiespältigen Einfluss auf das Denken über die Möglichkeit von Urzeugung. Einerseits ließ sich die Spur des Lebens jetzt bis in zuvor unsichtbare Dimensionen zurückverfolgen. Auf der anderen

In dieser mittelalterlichen Darstellung entwickeln sich die Früchte des Baumes zu Gänsen und Fischen.

Seite tat sich mit der Entdeckung der Mikroorganismen eine neue Welt von Lebewesen auf, die augenscheinlich von selbst entstehen konnten.

Nachdem Mikroorganismen (Bakterien und andere Einzeller) bekannt geworden waren, erstreckte sich die Auseinandersetzung auch auf diese nur im Mikroskop sichtbaren Lebewesen. Needham behauptete 1748 die spontane Erzeugung von Mikroorganismen. Er nahm die frische Bratensoße seines Lammbratens, versiegelte sie, und nach kurzer Zeit wimmelte es von Bakterien. Spallanzani wollte herausfinden, ob Leben durch Urzeugung entstehen kann. Er kochte Pflanzenextrakte, Eier und Getreide für mehrere Stunden, und sah auch nach mehreren Tagen noch keinen Hinweis auf Leben, während gleichartige nicht-erhitzte Extrakte von Mikroorganismen trüb wurden.

Needham entgegnete, Spallanzani habe die Lebenskraft durch stundenlanges Kochen zerstört und auch die »Elastizität« der Luft beschädigt. Spallanzani antwortete mit Dutzenden von weiteren Experimenten in verschiedenen Gefäßen, variierte Inhalt, Temperatur, Kochdauer und den Zeitpunkt des Versiegelns, und untersuchte den Inhalt der Flaschen dann wieder mit dem Mikroskop. Spallanzani konnte die Einwände Needhams auf eine Weise ausräumen, die uns heute überzeugend erscheint. Needham und seine Zeitgenossen überzeugte er jedoch nicht. Begriffe wie »Lebenskraft« waren zu etabliert, als dass Spallanzani sie mit Experimenten hätte entkräften können. Das von Spallanzani eingeführte Erhitzen der Glaskolben hatte auch seine praktische Seite. Nicolas Appert setzte es 1810 ein, um die ersten Lebensmittelkonserven für Napoleons Armee herzustellen.

Der Streit um die Urzeugung war immer auch eine Auseinandersetzung mit den Denk- und Experimentiermöglichkeiten der Zeit. Und es war eine Auseinandersetzung von Wissenschaftlern, die sich öffentlich stritten. Louis Pasteur (1822–95) gewann die letzte große Schlacht mit den Kolben gegen Félix Pouchet als Antwort auf eine

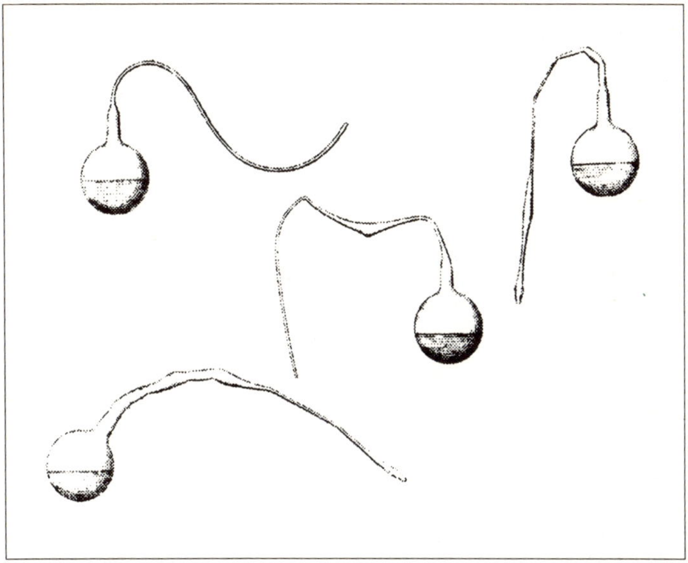

Louis Pasteur bewies mit diesen »Schwanenhalskolben«, dass Leben nicht von selbst entsteht.

Preisfrage, die 1859 von der französischen Akademie der Wissenschaften gestellt worden war. Pasteur machte ganz ähnliche Experimente wie Spallanzani hundert Jahre zuvor. Er konnte nachweisen, dass Pouchets Kolben durch Keime aus der Luft kontaminiert waren.

Die Unterscheidung zwischen Urzeugung und Abiogenese ist erst aus der Perspektive der Evolutionstheorie verständlich. Die Widerlegung der Urzeugung machte den Weg frei für die Frage, wie »am Anfang« das Leben auf der Erde entstanden war.

Darwin, Evolution und erste Gene

»Nichts in der Biologie ist sinnvoll, außer man betrachtet es im Lichte der Evolution.« Diese oft zitierte Bemerkung des Evolutionsbiologen Theodosius Dobzhansky (1900–1975) verweist auf das Schlüsselwerk der modernen Biologie: *Die Entstehung der Arten* von 1859, die Begründung der modernen Biologie durch Charles Darwin.

Als Darwin sich 1831 mit der »Beagle« auf Weltreise begab, hatte er nicht vor, die Welt zu revolutionieren. Diese Welt war nach Ansicht seiner Zeitgenossen gerade mal 6000 Jahre alt, aber das Ende der Konstanz der Arten lag in der Luft. Darwin leitet die Theorie der Evolution aus sorgfältigen Beobachtungen ab, die wir hier im Sinne Ernst Mayrs (1904–2005) zusammenfassen wollen.

Das Leben ist reich und fruchtbar. Alle Lebewesen scheinen einen Drang zu haben, sich zu vermehren. Dennoch beobachtet man eine gewisse Stabilität von Populationen, die sich nicht unbegrenzt vermehren. Das liegt an der Begrenztheit der Ressourcen. Darwin folgerte, dass es Konkurrenz um diese Ressourcen gibt. Es gibt einen Kampf ums Überleben. Auch existieren Unterschiede oder Variationen zwischen den Individuen einer Population, und diese Variationen sind erblich. Damit kann eine Auslese (Selektion) stattfinden, weil unterschiedliche Individuen unterschiedlich viele Nachkommen haben. Es kommt zum Wandel der Populationen im Laufe von Generationen.

Die Konstanz der Arten war bereits durch Jean-Baptiste Lamarck (1744–1829) in Frage gestellt worden. Lamarcks große Leistung wird heute etwas relativiert, weil man ihn nicht mit dem Artenwandel in Zusammenhang bringt, sondern mit dem Mechanismus, der diesen Wandel hervorbringen soll: die Vererbung erworbener Eigenschaften. Aber auch Darwin wusste zu diesem Mechanismus keine echten Alternativen. Die durch Gregor Mendel 1865 begründete Genetik kannte er nicht. Von Genen sprach man erst ein halbes Jahrhundert später, und die molekularen Grundlagen der Variation und deren Weitergabe, Mutation, Rekombination und Replikation, wurden erst im 20. Jahrhundert erforscht. Heute kennt man zwar zahlreiche Effekte, die der klassischen Mendel'schen Genetik überlagert sind

(Epigenetik), aber dadurch wird die Darwin'sche Evolution nicht prinzipiell in Frage gestellt.

Die Evolutionstheorie hat die Bedeutung des Körpers relativiert. Der Körper ist nämlich nur die »Angriffsfläche« der Evolution, der Phänotyp. Von evolutionärem Belang geschieht nicht viel im Leben eines Individuums. Das Eigentliche, das Überdauernde ist der Genotyp, die genetische Information, die von Generation zu Generation weitergegeben wird. Der Genotyp bestimmt den Gang der Stammesentwicklung. Zu dieser Vorstellung hat die Unterscheidung von Keimbahn- und somatischen Zellen seit August Weismann (1834–1914) ebenso beigetragen wie die Theorie des egoistischen Gens, die den Selektionsgedanken auf einzelne Gene überträgt. Diese Theorie wurde von Richard Dawkins seit den 1970ern popularisiert. Dawkins unterscheidet zwischen den die Erbinformation tragenden Genen und dem Phänotyp, den sie hervorbringen. Der Körper (Phänotyp) ist nur ein Vehikel für die Gene im Wandel der Zeiten. Gene sind die eigentlichen Replikatoren, also diejenigen Systeme, die sich replizieren oder repliziert werden und damit der Selektion unterliegen.

Die moderne Biologie ist zur Leitwissenschaft der zweiten Hälfte des 20. Jahrhunderts geworden, weil die Evolutionstheorie mit anderen Disziplinen zu einer integrierten Wissenschaft verschmelzen konnte. Zu diesen Strömungen gehören die klassische Mendel'sche Genetik, die mathematische Populationsbiologie, die Molekularbiologie. Die molekulare Basis der Variation ist im 20. Jahrhundert immer deutlicher geworden. Angefangen mit der ersten Chromosomenkarte der Fruchtfliege Drosophila aus dem Labor von Thomas Morgan (1866–1945), bis zu den ersten vollständig sequenzierten Genomen am Ende des 20. Jahrhunderts. Die Erforschung der Gene war das Thema der Biologie des 20. Jahrhunderts.

Darwin konnte nur die Phänotypen, nicht die Genotypen studieren. Er deutet den Gedanken, dass Pflanzen und Tiere miteinander verwandt sind, nur vorsichtig an. Heute suchen wir die Gemeinsamkeiten der Lebewesen nicht mehr auf morphologisch-phänotypischer Ebene, sondern auf der Ebene der Gene. Der Schritt vom phänotypischen Blick in die Breite zum genetischen Blick in die Tiefe wurde durch die Molekularbiologie möglich und durch das integrative Konzept der Zelle als dem Grundbaustein aller Lebewesen. Alles Leben besteht aus Zellen, die miteinander verwandt sind. Der gemeinsame Vorfahre von zwei Arten liegt umso weiter zurück, je mehr sich die Arten voneinander unterscheiden. Aus dem Vergleich von DNA-Sequenzen ergibt sich unzweifelhaft, dass Bakterien und Menschen gemeinsame Vorfahren gehabt haben. Die Evolutionstheorie stellt also den Mensch nicht nur mit den (anderen) Tieren in eine gemeinsame genealogische Reihe, sondern mit allen Formen des Lebens, das unbedeutendste Bakterium mit eingeschlossen. Und mehr noch: Wenn wir die Evolutionsgeschichte bis an ihren Anfang zurückverfolgen, müssen wir annehmen, dass sich evolvierbare Systeme aus anorganischer Materie entwickelt haben.

Durch die Evolutionstheorie hat das Reden über Ursachen und Funktionen eine neue Perspektive bekommen. Der Begriff der *Funktion* hat in der Biologie immer einen teleologischen Beigeschmack. Das Quaken von Froschmännchen hat die Funktion, Weibchen anzulocken. Fliegen ist die Funktion von Flügeln. Und die Funktion von Ionenkanälen ist der Ionentransport durch die Zellmembran. In diesen Beispielen wird nahe gelegt, dass ein bestimmtes Merkmal einen bestimmten *Zweck* hat. Flügel sind »wie gemacht« zum Fliegen. Doch wir fragen besser nicht nach dem Zweck, sondern nach einem *Grund*. Gründe lassen sich stets auf verschiedenen, faszinierend komplementären Begründungsebenen angeben. Das eine ist die Ebene der proximaten Gründe, gewissermaßen der Nahbereich der Erklärung. Hier wird mit Mechanismen, Molekülen und Strukturen argumentiert. Frösche quaken, weil ihre Hormone so und so wirken und ihre Stimmerzeugung so und so funktioniert. Die andere Begründungsebene ist die der ultimaten oder evolutionären Ursachen. Frösche qua-

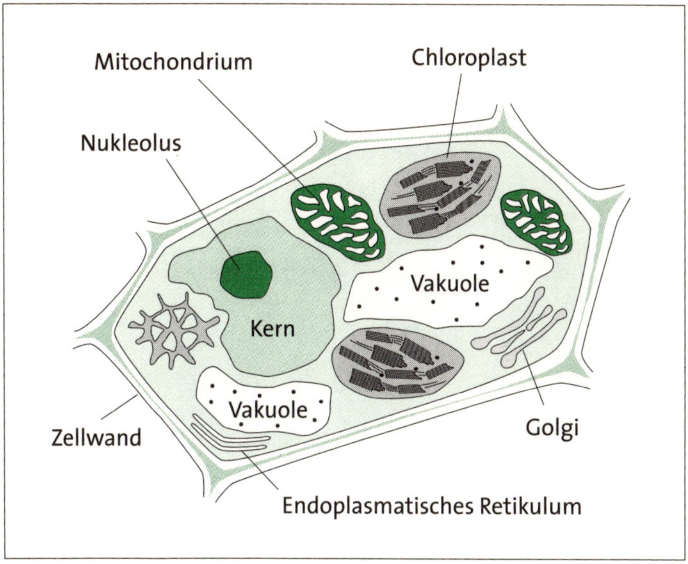

Die Zelle ist eine abgegrenzte funktionelle Einheit aller Lebewesen.

ken, weil sie so Weibchen anlocken können. Nichtquakende sterben aus. Der ultimate Grund ist die Reproduktion. Vögel können fliegen, weil sie eine sehr effiziente Form des Energiestoffwechsels haben. Vögel fliegen aber auch, weil sie ihr Winterquartier aufsuchen oder weil sie so die ökologische Nische Luftraum besetzen. Die Unterscheidung von proximaten und ultimaten Gründen ist wichtig, weil sie der Ort sind, wo Verschiebungen im Verlauf der Stammesgeschichte nachgewiesen werden. Ionenkanäle haben eine Funktion in der Energiegewinnung bei Bakterien oder in der Erregungsweiterleitung an Nervenzellen. Zwei sehr verschiedene Vorgänge, denen ein gemeinsamer molekularer Mechanismus zugrunde liegt.

Obwohl ultimate Begründungen evolutionäre Argumente sind, verweisen sie nicht auf die *Entstehung* eines Merkmals, sie erklären nicht, wie es zum ersten Mal dazu gekommen ist, dass ein Tier fliegt oder quakt oder ein Molekül Ionen durch eine Membran transportiert. Darwins ›Entstehung der Arten‹ erklärt zwar das Prinzip der Evolution auf geniale Weise, aber nicht die *Entstehung* einer Art überhaupt, also den eigentlichen Ursprung der Arten.

Der kleine warme Teich

Die einzige Abbildung in Darwins ›Entstehung der Arten‹ zeigt einen abstrakten Stammbaum. Man kann diesen Stammbaum als einen beliebigen zeitlichen Ausschnitt aus der Stammesgeschichte verstehen. Er zeigt, dass sich Arten aufspalten und so neue Arten entstehen und dass Arten aussterben. Darwin hat darin keine konkreten Arten eingetragen, weil sich Details ändern können. Es wollte das allgemeine Prinzip der von ihm entwickelten Evolutionstheorie deutlich machen. Und er hat nicht den Fehler begangen, die einzelnen Stränge des Stammbaums unten zu einem einzigen Strang zusammenzuführen. Es war ja nicht einmal klar, ob Pflanzen und Tiere gemeinsame Vorfahren haben.

Diese Offenheit des Anfangs wird gelegentlich als kreationistisches Schlupfloch genutzt. Nur die Mikroevolution, also die Änderung von kleinen Details, sei echte Evolution, wie Darwin sie dargestellt hat. Makroevolution, also die Anlage von grundlegend verschiedenen Körperbauplänen, wie sie etwa zur Zeit des Kambriums vor ungefähr 550 Millionen Jahren stattgefunden hat, sei nicht mit der Evolutionstheorie zu erklären. Es wäre allerdings ebenso sinnvoll zu sagen, Äpfel seien in der Evolution entstanden, Birnen jedoch nicht. Wir wissen heute, dass die Evolutionstheorie in *jeder* Phase der Entwicklung gilt, also auch vor dem Kambrium, und das sind immerhin die ersten drei Milliarden Jahre oder sechs Siebtel der Geschichte des Lebens.

Der längste und interessanteste Teil der Evolution liegt mehr als 550 Millionen Jahre zurück und wird gelegentlich als »Präkambrium«

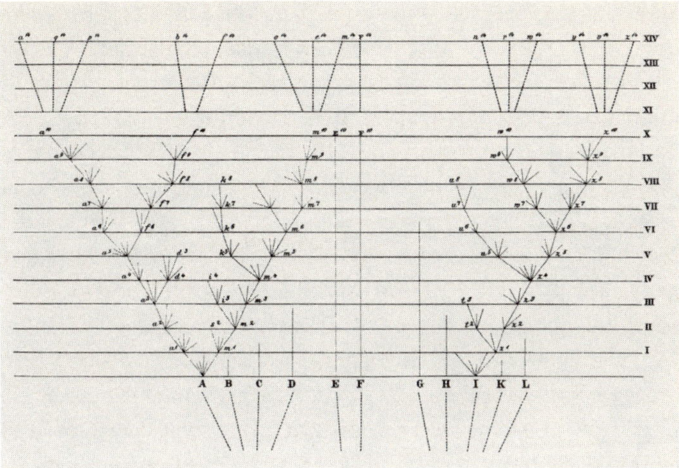

Die einzige Illustration in Darwins berühmten Buch zeigt einen abstrakten Stammbaum ohne Wurzel.

zusammengefasst (siehe Abb. auf der hinteren Umschlagseite). Aus dieser langen Zeit gibt es nur sehr wenige **Fossilien**. S.106 Wenn man aber aus der Kenntnis der Zell- und Evolutionsbiologie versucht, die Stammesgeschichte zurückzuverfolgen, gelangt man zu immer einfacheren Formen. Vor 2.5 Milliarden Jahren dürfte es nur einzellige Lebewesen gegeben haben, und vor 3.5 Milliarden Jahren könnten die ersten gelebt haben, von denen alle heute lebenden Zellen abstammen.

Mit dem *top-down*-Ansatz rechnet man von dem Gegebenen zurück und fragt nach dem Nächsteinfacheren oder dem allgemeinen Prinzip. Faszinierenderweise lässt sich diese Klassifikation auch auf molekularer Ebene durchführen. Alle Lebewesen bestehen aus Zellen und allen Zellen, gemeinsam sind die Replikation (Verdopplung des genetischen Materials), die Transkription (Umschreiben der DNA in RNA) und die Translation (Proteinsynthese). Zunächst hat man, auf

Anregung von Linus Pauling und Emile Zuckerkandl 1965 die Abfolge der Aminosäuren in verschiedenen Proteinen miteinander verglichen und so eine molekulare Uhr konstruiert. Dahinter steht die Annahme, dass sich die Aufeinanderfolge von Aminosäuren oder DNA-Basen umso mehr unterscheiden, je früher der gemeinsame Vorfahre gelebt hat und damit eine Ursequenz existiert hat, aus der die in der Evolution divergierenden Sequenzen hervorgegangen sind. Bei der Anwendung dieser Technik auf ribosomale RNA ist es gelungen, eine S. 99 ganz neue Klasse von Lebewesen, die **Archaea** zu entdecken. Inzwischen werden durch den Vergleich ganzer Genome evolutionäre Stammbäume von allen Lebewesen gezeichnet.

Die Evolutionstheorie selbst ist auch das Ergebnis einer *top-down*-Überlegung. Darwin erkannte, dass den zahlreichen auf seiner Reise an verschiedenen Orten gefundenen Arten ein Gemeinsames zugrunde liegt. Darwins Denken stieß an eine Grenze, weil er die Grundlage der Variation der Phänotypen nicht kannte. Und Darwin quälte die Frage, wie die ganze bunte Vielfalt entstanden sein könnte, was also am Anfang steht, wenn man den Stammbaum aller Arten zurückverfolgt. Darwin hielt sich mit Antworten auf diese Frage sehr zurück.

Ein anderer Ansatz für die Aufklärung des Ursprungs der Arten versucht nicht, die Komplexität der lebenden Organismen zu reduzieren. Er geht von einem einfachen Anfangszustand aus, um daraus die nächstkomplexere Stufe abzuleiten (bottom-up). Für die Frage nach der Entstehung der Zellen ist das ein Zustand, bei dem es noch keine Zellen gibt, die wüste, unbelebte Erde, ein paar hundert Millionen Jahre nach ihrer Entstehung.

Der Offenheit in Darwins Stammbaum entnehmen wir, dass es am Anfang gar keine Arten gegeben hat. Wir müssen erklären, wie die ersten Arten überhaupt entstanden sind. Es gibt aber leider keine Entstehung des Lebens nach dem »Schema« Darwins, weil durch die Entstehung des Lebens das Darwin'sche Schema erstmalig in Kraft gesetzt wurde. Solange es keine Vermehrung durch Replikation gibt, kann es auch keine Selektion im Sinne Darwins geben.

Darwin selbst hat sich daher in seinen Veröffentlichungen nie zu einer Spekulation über den Ursprung des Lebens hinreißen lassen. Legendär wurde seine Bemerkung vom »kleinen warmen Teich« (warm little pond) in einem Brief von 1871 an den Botaniker Joseph Hooker:

»Man sagt oft, die Bedingungen für die Entstehung eines Lebewesens seinen heute ebenso vorhanden, wie sie es vielleicht immer waren. Aber falls (und was für ein großes falls!) wir erreichen könnten, dass in einem kleinen warmen Teich, in dem alle möglichen Ammonium- und Phosphorsalze, Licht, Wärme, Elektrizität usw. vorhanden sind, auf chemischem Wege eine Proteinverbindung entsteht, die noch kompliziertere Verbindungen bilden kann, dann würde diese Substanz sofort gefressen oder absorbiert werden. Das wäre aber vor der Entstehung der Lebewesen nicht geschehen.«

In diesem bemerkenswerten Zitat gibt Darwin ein Szenario für die Entstehung des Lebens. Er legt die Ausgangsbedingungen nahe: Ammoniak, Phosphor, Licht, Elektrizität. Der Ort der Lebensentstehung ist der oft zitierte kleine warme Teich, in dem Proteinverbindungen entstanden sein könnten. Nach Darwin entwickelte sich das Leben also aus anorganischen Stoffen. Und er stellt fest, dass diese Reaktionen heute folgenlos blieben, weil die Reaktionsprodukte von den bereits existierenden Lebewesen gefressen würden. Die Lebensentstehung ist damit nicht wiederholbar. Mit dieser Denkweise legt Darwin eine Spur, auf der wir 70 Jahre später das Miller-Experiment zur präbiotischen Chemie finden.

»Es ist wahrlich eine großartige Ansicht, dass der Schöpfer den Keim alles Lebens, das uns umgibt, nur wenigen oder nur einer einzigen Form eingehaucht hat, und dass, während unser Planet den strengsten Gesetzen der Schwerkraft folgend sich im Kreise geschwungen, aus so einfachem Anfange sich eine endlose Reihe der schönsten und wundervollsten Formen entwickelt hat und noch immer entwickelt.« Das ist der letzte Satz aus der ›Entstehung der Arten‹. Den Schöpfer findet man in diesem Zitat erst ab der zweiten Auflage, Darwins Frau Emma zu Gefallen. Darwin überlässt das Problem des Ursprungs des Lebens dem Schöpfer, während er den Ursprung des Menschen erklären zu können glaubt.

Darwins Teich war folgenreich. Er enthält das Wasser, aus dem alle Lebewesen zum größten Teil bestehen und das auch bei der Entstehung des Lebens eine Rolle gespielt hat. Der Teich lebt weiter in der Ursuppe. Er wirft auch die heute immer noch kontrovers diskutierte Frage der Temperatur bei der Lebensentstehung auf. Manche Wis-
S. 86 senschaftler bevorzugen siedend heiße Tiefseequellen (**Vents**), andere verbannen die Ursuppe auf die gefriertruhenkalte eiszeitliche Erde, damit die Chemie stimmt.

Die Anwendung der Evolutionstheorie ist oft kritisiert und ihre Gültigkeit für begrenzt erklärt worden. Doch vermutlich gibt es nur eine Grenze der Evolutionstheorie: den Punkt, an dem die Evolution selbst in Gang gekommen ist und an dem sich die ersten evolvierbaren Systeme herausgebildet haben. Die Evolutionstheorie verweist damit auf den Ursprung des Lebens als den frühesten Moment ihrer Gültigkeit.

Leider lässt sich auf diese Weise der Ursprung des Lebens nicht identifizieren. Die ersten Lebewesen wiesen nämlich noch nicht alle der acht anfänglich genannten Eigenschaften auf. Hauptstreitpunkt ist die Frage, ob die ersten Lebensformen neben Stoffwechsel bereits ein genetisches Programm hatten. Das erste Leben könnte ein *metabolisches* System gewesen sein, das noch keine genetische Information kodiert. Den Ursprung des Lebens mit dem Beginn der Darwin'schen Evolution gleichzusetzen, wäre damit eine genetische Voreingenommenheit. Und eine überzeugende Theorie zum Ursprung des Lebens müsste dann auch erklären, wie genetisch sich replizierende Systeme aus metabolischen hervorgegangen sind.

ATMOSPHÄREN

Die Weltbeschreibung bleibt den dunklen Anfängen einer Geschichte der Organismen fremd. Aber die Weltbeschreibung darf auch daran mahnen, daß in der anorganischen Erdrinde dieselben Grundstoffe vorhanden sind, welche das Gerüste der Thier- und Pflanzenorgane bilden.

Alexander von Humboldt (1845)

Das Universum und die Erde

Der Urknall hat Spuren hinterlassen. Die auffälligsten sind die sich fortsetzende Expansion des Universums sowie die kosmische Hintergrundstrahlung von drei Grad über dem absoluten Nullpunkt. Aber auch Materie, Raum und Zeit sind Folgen der Entstehung des Universums.

In der ersten millionstel Sekunde nach dem Urknall müssen sich die vier fundamentalen Kräfte gebildet haben: die Gravitationskraft, die bewirkt, dass Materie sich anzieht, die Starke Kraft, die Atomkerne (Protonen und Neutronen) zusammenhält, die elektromagnetische Kraft, durch die sich positiv und negativ geladene Teilchen anziehen, und die Schwache Kraft, die für radioaktive Phänomene verantwortlich ist. Nach einer tausendstel Sekunde, bei einer Billion Grad, entstanden aus Strahlungsenergie die Bauteile der Atome, die Protonen, Neutronen und Elektronen und andere Teilchen und deren Antimaterie. Materie und Antimaterie löschten sich gegenseitig fast vollständig wieder aus, verwandeln sich in Strahlungsenergie, und was nach einer Minute bei einer Milliarde Grad davon übrig bleibt, bildet die Kerne von Wasserstoff (Protonen), Deuterium (schwerem Wasserstoff) und Helium und damit die Grundlage aller heute noch vorhandenen Materie.

Ein paar hunderttausend Jahre nach dem Urknall war das Universum 3000 Grad heiß, und es entstanden aus Atomkernen Wasserstoff und Helium, die heute 99% des Universums ausmachen. Der Elektronennebel verzog sich und die Materie verklumpte. Es bildeten sich Sterne und Galaxien.

In Sternen entstehen durch Kernfusion die chemischen Elemente, die schwerer als Helium (zwei Protonen) und leichter als Eisen (26 Protonen) sind. So vereinigen sich zum Beispiel zwei Heliumatome zu Beryllium (vier Protonen), und daraus entsteht mit einem weitern Heliumatom Kohlenstoff (sechs Protonen), die chemische Grundlage des Lebens auf der Erde. Bei der Explosion eines Sterns, einer Supernova, entstehen die noch schwereren chemischen Elemente, die das über hundert Elemente umfassende Periodensystem ausmachen. Unsere Sonne ist so ein Stern der zweiten Generation, der bei einer Supernova entstanden ist. Sie lieferte die Materie, aus der heute alles Leben besteht, und sie liefert immer noch, durch die Kernfusion von Wasserstoff, die Energie, die Leben ermöglicht. Sterne sind die Schmieden der chemischen Elemente, und wir können zu Recht behaupten, Kinder der Sonne und des Wasserstoffs zu sein.

Die Entstehung von Sternen war die Voraussetzung für die Entstehung von Planeten. Wie Immanuel Kant und Pierre Simon de Laplace im 18. Jahrhundert vermutet haben, sind Planeten durch Zusammenballung einer scheibenförmigen Gas- und Staubwolke entstanden (Urnebelhypothese). Diese Materie war Überbleibsel einer Supernova, aus der unsere Sonne und die Planeten unseres Sonnensystems hervorgingen. Die ersten 700 Millionen Jahre Erdgeschichte bezeichnet man als formative Phase: Die Erde wird noch von Meteoriten bombardiert, und die Erdkruste ist noch nicht gefestigt.

Aus dieser Kurzkosmologie lernen wir, dass Symmetriebrüche eine überragende Rolle bei der Entstehung des Universums und der Erde gespielt haben. Die Entstehung der universellen Kräfte, die glücklicherweise unvollständige Vernichtung von Materie und Antimaterie, die Herausbildungen von Galaxien und Planetensystemen, all das sind Prozesse, in denen Neues durch die Durchbrechung einer Symmetrie entstanden ist. Auch das Leben ist ein Bruch einer statischen Ordnung. Pasteur (1822–1895) hat molekulare Asymmetrie als eines der Hauptmerkmale des Lebens aufgefasst, weil bei chemischen Synthesen von asymmetrischen Molekülen im Labor die verschiedenen Isomere meist zu gleichen Anteilen entstehen, in lebenden Zellen aber immer nur eines der möglichen Isomere vorkommt.

Die meisten scheinbar zufälligen Prozesse der biologischen Entwicklung lassen sich aus der Perspektive der Evolutionstheorie verstehen. Vor der Entstehung des Lebens fehlt eine solche Perspektive. Physiker weisen aber auf eine Verkettung kosmischer **Zufälle** hin, die eine Lebensentstehung ermöglicht haben. Diese Denkweise wird als anthropisches Prinzip bezeichnet. Es bleibt eine spannende Frage, ob sich ein erweiterter Evolutionsbegriff auf vorbiologische Entwicklungen ausdehnen lässt. S. 111

Luft zum Atmen

Die Luft, die wir Säugetiere atmen, besteht zu circa einem Fünftel aus Sauerstoff (O_2) und zu knapp vier Fünfteln aus Stickstoff (N_2). Es befinden sich noch geringe Mengen der Edelgase Argon und Neon darin sowie 0,03% Kohlendioxid (CO_2) und wechselnde Mengen Wasserdampf (H_2O). Die Zusammensetzung der Luft hat sich, seit es uns Säugetiere gibt, nicht wesentlich verändert.

Die reaktionsträgen Elemente Stickstoff und die Edelgase werden unverändert wieder ausgeatmet. Der zur Atmung erforderliche Bestandteil ist der Sauerstoff. An ihn werden die Elektronen abgegeben, die alle Tiere zur Energiegewinnung der Nahrung entziehen. Die Reduktion von Sauerstoff ergibt Wasser. Die Nährstoffe werden dabei oxidiert. Das ist das Prinzip der Verbrennung. Daher ist Sauerstoff eigentlich ein gefährliches Giftgas. Die Tendenz von Sauerstoff, Elektronen an sich zu reißen, ist fast so groß wie die von Chlorgas, das im ersten Weltkrieg als Giftgas eingesetzt wurde. Die Knallgasreaktion, bei der sich Wasserstoff (H_2, das sind zwei Protonen mit zwei Elektronen) in einer Explosion mit Sauerstoff verbindet, ist eine weitere Illustration der Gefahr, die vom Sauerstoff ausgeht. Im Prinzip ist Atmung eine kontrollierte Knallgasreaktion. Dass der Sauerstoff auf Tiere und Pflanzen keinen derart zerstörerischen Einfluss hat, liegt eben daran, dass die Elektronen in den Mitochondrien der Zellen stufenweise und damit sanft auf den Sauerstoff übertragen werden und dass sich im Verlauf der Evolution Schutzmechanismen gegen Sauerstoff herausgebildet haben.

Bei der Atmung wird Sauerstoff verbraucht und Kohlendioxid freigesetzt. Pflanzen können den umgekehrten Vorgang als **Photosynthese** S.101 durchführen. Sie bauen unter Einsatz von Licht aus Kohlendioxid Zucker auf. Dabei entsteht Sauerstoff. Diese enge Verflechtung pflanzlichen und tierischen Lebens ist eines von zahlreichen Beispielen der gemeinsamen evolutionären Vergangenheit aller Lebewesen.

Eine Verbrennung von Nährstoffen ist auch ohne Sauerstoff möglich. Dabei werden die Nährstoffe nicht restlos ausgenutzt. Traubenzucker (Glukose, $C_6H_{12}O_6$) ist sehr energiereich. Wenn er vollständig, also in Anwesenheit von Sauerstoff, zu Kohlendioxid und Wasser verbrannt wird, ergibt das 38 Moleküle **ATP** S.79 pro Molekül Traubenzucker. Eine unvollständige Oxidation von Traubenzucker zu Milchsäure in Abwesenheit von Sauerstoff bringt immerhin 2 ATP und zeigt die Überlegenheit der sauerstoffabhängigen Atmung auf.

Mit Sauerstoff ist die frühe Entwicklung des Lebens nicht denkbar, das Gas ist zu aggressiv. Die ersten Lebewesen brauchten sich aber nicht vor Sauerstoff zu schützen, da die Uratmosphäre noch keinen Sauerstoff enthielt. Erst durch Photosynthese entstand der erste atmosphärische Sauerstoff. Die zwanzig Prozent Sauerstoff der heutigen Atmosphäre sind das Ergebnis einer allmählichen Anreicherung durch die ersten Sauerstoff produzierenden algenartigen Einzeller

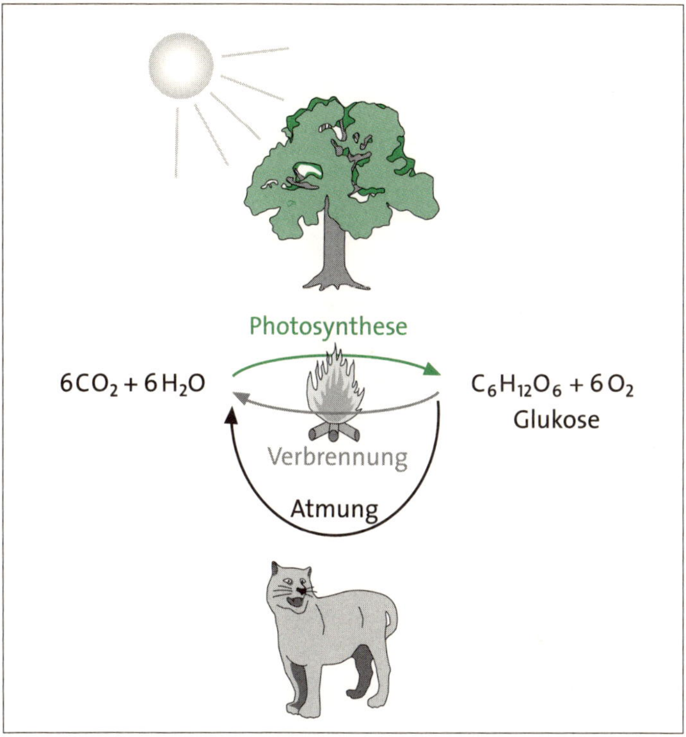

Der natürliche Kreislauf des Kohlenstoffs

und Pflanzen. Diese Sauerstoffproduktion begann vor 2,3 Milliarden Jahren, als die Erde also bereits die Hälfte ihres heutigen Alters erreicht hatte. (Siehe die Abb. auf der hinteren inneren Umschlagseite)

Als man in den 40er Jahren mit spektroskopischen Methoden die Atmosphären von anderen Planeten untersuchen konnte, vermutete Harold Urey (1893 – 1981), dass die erste Atmosphäre der Erde kurz nach ihrer Entstehung den derzeitigen Atmosphären von Mars und Venus ähnelte. Die erste Atmosphäre bestand nur aus Wasserstoff und Helium. Diese Gase konnten wegen ihrer Leichtigkeit von der

Gravitation der Erde nicht festgehalten werden und verflüchtigten sich in den Weltraum. Durch vulkanische Entgasung der Erde und den Einschlag von Kometen und Meteoriten ist die zweite Atmosphäre entstanden, in der Kohlendioxid und Wasserdampf dominierten. Auch heute noch bestehen die Atmosphären von Mars und Venus zu 95% aus Kohlendioxid, was zu einem im Vergleich zur Erde vielfach stärkeren Treibhauseffekt führt.

Das Leben hat sich seine eigene Atmosphäre geschaffen, indem es Sauerstoff hervorgebracht und *in* den Zellen eine chemisch reduzierende Umgebung erzeugt hat, in denen chemische Synthesen unabhängig von der äußeren Umwelt ablaufen können. Wir wissen aber nicht, in welchem Maße das reduzierende Milieu der frühen Atmosphäre zur Lebensentstehung beigetragen hat. Sollte sich das Konzept der **Eisen-Schwefel-Welt** durchsetzen, dann wäre es nicht mehr wichtig, wie reduzierend die Uratmosphäre nun wirklich war. Die Aufmerksamkeit würde sich dann eher auf die Eigenschaften von Vulkanen, Geysiren und Unterwasserquellen (**Vents**) in der Tiefsee richten.

S. 81
S. 86

Die Oparin-Haldane-Hypothese

Im 20. Jahrhundert war die Frage nach der Entstehung des Lebens zu einem naturwissenschaftlichen Problem geworden. In den 20er Jahren zeichneten der russische Biochemiker Alexander Ivanovich Oparin und der britische Genetiker John Burdon Sanderson Haldane ein Szenario für den Ursprung des Lebens, in dem die geophysikalischen Bedingungen der Erde und die chemische Zusammensetzung der frühen Atmosphäre den ersten Stoffwechsel und die ersten sich selbst vermehrenden Organismen hervorbringen. Oparin und Haldane beschreiben die Entstehung einer Ursuppe.

Oparin (1894–1980) veröffentlichte sein erstes Buch mit dem Titel ›Der Ursprung des Lebens auf der Erde‹ 1924 in russischer Sprache. Er

John Burdon Sanderson Haldane (1892–1964)

beschreibt darin, wie einfache organische Verbindungen, wie sie in Lebewesen vorkommen, auf natürliche Weise auf der Erde entstanden sein können. Nach dem Abkühlen der frisch entstandenen Erde reagierte ein Teil des Kohlenstoffs aus den Erzen mit Wasserstoff und bildete Kohlenwasserstoffe. Daraus seien mit Ammoniak die ersten Proteine entstanden. Diese einfachen Substanzen haben dann miteinander reagiert, zu immer komplexeren Verbindungen. In einem Prozess der chemischen Evolution sei so das erste Leben entstanden. Voraussetzung dafür war eine reduzierende Uratmosphäre, die aus Wasserstoff und Ammoniak bestand und keinen Sauerstoff enthielt. Der Sauerstoff der Atmosphäre stammt von photosynthetischen Organismen.

Oparins Modell zur Lebensentstehung ist geprägt von der Kolloidchemie. Kolloide definieren wir heute als die Lösung von langkettigen Polymeren (zum Beispiel Proteinen) in Wasser. Der dickflüssige Zellinhalt (Protoplasma, heute Cytosol) wurde als ein Kolloid beschrieben. Nach Oparin verbanden sich die ersten Kolloide zu Koazervaten, eine Art stoffwechselaktiver Zellvorläufer. Später, als die Bedeutung von membran-umschlossenen Kompartimenten für das Leben deutlich wurde, ersetzte Oparin sie durch Tröpfchen, die organische Verbindungen einschließen und chemische Reaktionen zusammenhalten. Einige davon müssten angefangen haben, sich zu teilen. Es gab Selektion von besonders erfolgreichen Fetttröpfchen. Das Leben entstand also in den Fettaugen der Ursuppe. Oparin machte Experimente mit Koazervaten, indem er Enzyme in Fetttröpfchen einschoss und sie dann Stoffwechselreaktionen ausführen ließ. Oparins Ideen wurden sehr populär, nachdem 1938 die englische Übersetzung seines Buches erschien. Es wurde zu einem Bestseller in der Geschichte der Erforschung der Abiogenese.

Dabei waren Oparins Vorstellungen gar nicht so einzigartig, wie sie in der Folge immer wieder dargestellt worden sind. Viele seiner Ideen hat er von Dimitri Mendelev (1834–1907) und Carl Nägeli (1817–91) übernommen. Mendelev hat das erste Periodensystem der chemischen Elemente aufgestellt und die Entstehung von Erdöl ähnlich erklärt wie Oparin die Entstehung des Lebens. Nägeli hatte in seinem 1883 erschienenen Buch ›Mechanisch-physiologische Theorie der Abstammungslehre‹ dem Ursprung des Lebens ein ganzes Kapitel gewidmet, das in entscheidenden Punkten mit Oparins Theorie übereinstimmt.

Die sowjetische Wissenschaft der 30er und 40er Jahre wurde von dem ukrainischen Agronomen Trofim Lysenko (1898–1976) dominiert. Seine Lehre eines »russischen Lamarckismus«, also der Auffassung, erworbene Eigenschaften können vererbt werden, war ganz im Sinne der marxistischen Doktrin, nach der eine Umerziehung der Menschen möglich und sinnvoll sei. Mit Unterstützung Stalins wurde Lysenko Direktor der sowjetischen Akademie der Wissenschaften. Unter der Führung Lysenkos wurde die russische Wissenschaft zugrunde gerichtet und Wissenschaftler ermordet, die ihre Arbeit nicht in den Dienst der geltenden Doktrin stellten. Oparin unterstützte Lysenko und profitierte von seiner Bekanntschaft mit ihm.

Unabhängig von Oparin schlug Haldane (1892–1964) in einem Aufsatz aus dem Jahr 1929 ganz ähnliche Ideen vor. Wie Oparin wendete er sich gegen eine besondere, nicht ergründliche Lebenskraft. Einer der Impulse für Haldanes nichtvitalistische Vorstellungen vom Ursprung des Lebens waren Arbeiten von Eduard Buchner in den 1890ern, dem es gelungen war, mit Hefeextrakt (also toten Hefezellen) Gärung durchzuführen. Pasteur hatte noch behauptet, dass alkoholische Gärung ohne Leben unmöglich sei.

Haldane erkannte auch, dass die frühe Atmosphäre keinen Sauerstoff (O_2) enthielt. Daher gab es auch keine Ozonschicht (O_3) und die UV-Strahlung auf der Erde war intensiver. Nach Haldane entstanden unter dem Einfluss von UV-Strahlung aus Kohlendioxid und Ammoniak organische Verbindungen in der Ursuppe (*primordial soup*), die angereichert wurde, bis sie die Konsistenz einer dünnen heißen Suppe hatte (*hot dilute soup*). Die ersten Zellen entstanden durch Umhüllung mit einer Lipidmembran. Aus diesen ersten Zellen ging durch Selektion der gemeinsame Vorfahre aller Zellen hervor.

Haldane macht sich auch Gedanken, wie die ersten Lebensformen ausgesehen haben könnten. Felix d'Herelle hatte 1915 **Viren** entdeckt, S. 87
die Bakterien befallen. Man stritt darüber, ob diese Bakterienviren selbst leben. Haldane vergleicht Viren mit Genen und erkennt die Zwischenstellung, die Viren auf der Stufenleiter des Lebendigen einnehmen. Als Metapher für Reproduktion und Wachstum benutzt Haldane, wie Schrödinger fünfzehn Jahre später, den Vergleich mit Kristallen.

Im Gegensatz zu Oparin, der sein ganzes Leben am chemischen Ursprung des Lebens geforscht hat, nehmen die Theorien zur Abiogenese bei Haldane nur einen kleinen Teil seines Werkes ein. Er hat viele Beiträge zur Genetik und Biochemie geleistet und gilt mit Ronald Fischer und Sewall Wright als Begründer der Populationsgenetik und der modernen Evolutionsbiologie. Als sich Haldane und Oparin 1963 auf einer Tagung in Florida begegnen, räumt Haldane Oparin großzügig die Priorität in der nach den beiden Wissenschaftern benannten Theorie ein.

Nach der Theorie von Oparin und Haldane sammelten sich zunächst – in Abwesenheit von Sauerstoff – organische Nährstoffe in einer Ursuppe an, aus denen sich die ersten Organismen entwickelten und ernährten. Die paradiesischen Zustände änderten sich, als die Ursuppe aufgegessen war. Jetzt mussten die Lebewesen gelernt haben, sich selbst zu ernähren. Ursuppentheorien wie die von Oparin und Haldane sind Theorien eines heterotrophen Lebensursprungs, nach denen sich zunächst Nährstoffe angesammelt haben mussten, bevor das Leben entstehen konnte. Die Oparin-Haldane-Theorie formulierte die Vorgaben für die Abiogenese-Forschung der folgenden Jahrzehnte.

THEORIEN UND EXPERIMENTE

Negentropisches nichtperodisches Kristallleben

Das Buch ›Was ist Leben?‹ des Physikers Erwin Schrödinger aus dem Jahr 1944 markiert den Übergang von der Physik zur Biologie als Leitwissenschaft in der Mitte des zwanzigsten Jahrhunderts. Schrödinger (1887–1961) verbinden wir heute mit seinen Beiträgen zur Quantenphysik. Physiker wie Max Delbrück oder Schrödinger haben aber auch die Molekularbiologie mitbegründet.

Schrödingers Buch ist eine Spekulation über Natur und Wirkungsweise der Gene, die in den vierziger Jahren noch weitgehend unbekannt waren. Schrödinger stellte das Gen, was immer es genau sein mochte, ins Zentrum seiner Überlegungen. Damit legte er eine Spur. »Ich kam an die Universität von Chicago zurück und entdeckte das kleine Buch des theoretischen Physikers Erwin Schrödinger. Die Essenz des Lebens sei das Gen, behauptete Schrödinger in diesem Kleinod. Vorher hatte ich mich nur für Vögel interessiert«, schreibt James Watson in seinen Erinnerungen. Watson betrachtet sein 21 Jahre nach Schrödinger erschienenes Lehrbuch der Molekularbiologie auch als Antwort auf Schrödingers Frage.

Als Schrödinger sein Buch schrieb, war gerade deutlich geworden, dass Gene etwas Materielles sein müssen. Dennoch erschienen Gene als etwas Widersprüchliches. Einerseits mussten sie eine gewisse Regelmäßigkeit (Periodizität) aufweisen, da sie ja eine lineare Anordnung von Erbelementen waren. Schrödinger beschrieb Gene daher als eindimensionale Kristalle, als Fortschreibung eines immer gleichen Musters in *eine* Richtung des Raumes. Andererseits konnten Gene nicht wirklich periodisch sein, da sie ja Träger der genetischen Information sind; ein völlig ebenmäßiger Kristall kann keine Information speichern. Daher verstand Schrödinger Gene als nichtperiodische Kristalle.

Schrödinger war Schüler von Ludwig Boltzmann (1844–1906), der in seinen Vorlesungen am Ende des 19. Jahrhundert bereits die Frage aufgeworfen hatte, wie Leben mit der Physik, insbesondere der Thermodynamik, in Einklang zu bringen sei.

Der von Rudolf Clausius 1865 geprägte Begriff der Entropie ist eine Spätfolge der Erfindung der Dampfmaschine. Entropie kann definiert werden als das Maß, in dem Wärmeenergie nutzbar ist, z.B. in einem Generator. Je größer die Entropie, desto größer die nutzlose Wärme. Diese Definition ist komplementär zur Entropiedefinition der *statistischen* Thermodynamik. Danach ist Entropie ein Maß für die Unordnung eines Systems. Der berühmte zweite Hauptsatz der Thermodynamik besagt, dass die Entropie in einem geschlossenen System spontan nicht abnehmen kann. Das ist intuitiv verständlich: Wärme fließt nicht von einem kalten auf ein warmen Gegenstand, und zersprungene Tassen reparieren sich nicht von selbst. Mit anderen Worten: Ordnung entsteht nicht von selbst. Mit der Entropie kommt Unumkehrbarkeit und damit eine Zeitrichtung in physikalische Systeme. Am Endpunkt dieser Entwicklung steht nach Clausius der Wärmetod: der Zustand maximaler Entropie des Universums.

Entropie ist eine nützliche Rechengröße in der Chemie. Der zweite Hauptsatz der Thermodynamik besagt nämlich, dass eine chemische Reaktion nur dann stattfinden kann, wenn die dabei umgesetzte Wärmeenergie ΔH kleiner ist als das Produkt der Temperatur T und der Entropieänderung ΔS, also $\Delta H < T\,\Delta S$. Die Temperatur wird in dieser Gleichung in Kelvin angegeben. Der Nullpunkt der Kelvin-Skala ist am absoluten Nullpunkt bei –273°C.

Angesichts der Aussicht auf den Wärmetod erschien es den Physikern des 19. Jahrhunderts überraschend, dass es so etwas wie Leben überhaupt gibt. Lebewesen sind geordnetere Strukturen als ihre Umgebung, sie schienen damit dem zweiten Hauptsatz zu widersprechen. Die Antwort auf dieses Problem liegt aber auch im zweiten Hauptsatz: Ein Lebewesen ist kein abgeschlossenes System. Wenn von außen Energie (in Form von Nahrung) einströmt, kann die Entropie abnehmen, wenn sie im Gesamtsystem (im Universum) zunimmt. Leben ist also ein Ort der negativen Entropie, kurz Negentropie.

Schrödingers Buch hat entscheidende Anstöße für die Entwicklung der Molekularbiologie gegeben, aber es war eigentlich nicht originell: die Kristallmetapher und die Negentropie stammten nicht von ihm. Auch war seine Biologie nicht auf dem neuesten Stand. Seine Leistung bestand darin, das Gen zum Paradigma zu erklären und einen großen spekulativen Bogen von der Physik des 18. und 19. Jahrhunderts bis zur Biologie zu schlagen und damit seine Zeitgenossen auf den Weg in die Molekularbiologie zu schicken. Die Boltzmann-Schrödinger'sche Negentropie erklärt, warum Leben nicht im Gegensatz zur Physik steht, aber sie erklärt nicht, wie es entstanden ist.

Das Urey-Miller-Experiment

Im Herbst 1952 führte der Doktorand Stanley Miller an der Universität von Chicago ein einfaches chemisches Experiment durch. Er baute ein geschlossenes System aus einem großen und einem kleinen

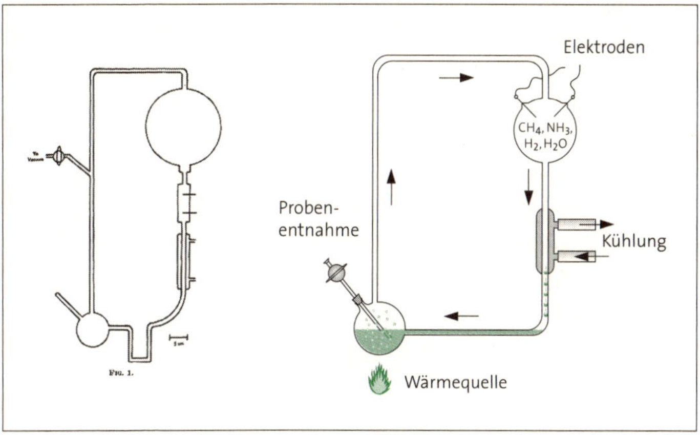

Das legendäre Urey-Miller-Experiment; links die Originalabbildung aus der Veröffentlichung von 1953

Glaskolben, die durch Glasröhren miteinander verbunden waren. Den kleinen Glaskolben füllte er mit Wasser. Er entfernte die Luft aus den Kolben und ersetzte sie durch die Gase Methan, Ammoniak und Wasserstoff. In dem großen Rundkolben befanden sich zwei Elektroden für elektrische Funkenentladungen. Das ganze Experiment stellt einen Kreislauf dar. Der untere, kleinere Kolben wird erhitzt, Wasserdampf steigt in den oberen Kolben, wo es blitzt. Reaktionsprodukte kondensieren und sammeln sich in einem Rohrstück, das wieder in den unteren Kolben mündet. Der Versuch sollte den Urozean mit der sauerstofffreien Uratmosphäre simulieren.

Die Miller'schen Kolben stellen nur in Bezug auf die Stoffe (Wasser und die Gase) ein geschlossenes System dar. Im thermodynamischen Sinne war das System offen, weil Energie in Form von Wärme an den unteren Kolben und in Form von elektrischer Energie an den oberen Kolben zugeführt wurde.

Miller ließ das Experiment zunächst zwei Tage laufen. Ein klebriger Rückstand bildete sich in den Kolben, und das Wasser verfärbte sich gelblich. Miller untersuchte das Wasser mit Papierchromatographie auf Aminosäuren. Dazu trug er die Flüssigkeit auf einem Papierstreifen auf und stellte ihn in eine Schale mit Lösungsmittel. Das Lösungsmittel steigt in dem Papier nach oben und trägt die Aminosäuren mit sich. Da sie unterschiedlich schnell wandern, trennen sie sich auf. So konnte er die einfachste Aminosäure Glycin nachweisen.

Miller wiederholte das Experiment mit zwei Änderungen. Er kochte den »Urozean«, statt ihn nur leicht zu erwärmen, und er ließ es diesmal für eine Woche laufen. Bei der Analyse des Kondensats fand er mehr Glycin als im vorherigen Experiment, und er konnte noch weitere Aminosäuren nachweisen, wie sie auch in Proteinen vorkommen. Inzwischen ist dieses Experiment oft wiederholt und variiert worden. Es entstehen immer einfache Aminosäuren und andere einfache organische Verbindungen.

Aminosäuren gelten als die Grundbausteine des Lebens. Proteine bestehen aus einer Kette von Aminosäuren, die im Raum gefaltet ist. Erst kurze Zeit vor dem Miller-Experiment hatte sich herauskristallisiert, dass die genetische Information selbst nicht aus Proteinen besteht, aber die Bauanleitung für Proteine enthält.

Miller war ursprünglich Doktorand von Edward Teller (1908–2003), einem der Erfinder der Wasserstoffbombe. Er sollte eigentlich herausfinden, wie chemische Elemente in Sternen entstehen, war darin jedoch nicht sehr erfolgreich, so dass er sich an Harold Urey wandte, von dem er zuvor eine Vorlesung über die Uratmosphäre gehört hatte. Urey war zu dieser Zeit ein berühmter Chemiker, der den schweren Wasserstoff (Deuterium) entdeckt hatte. Urey vermutete, dass die frühe Atmosphäre der Erde den heutigen Atmosphären von Venus und Mars ähnelte. Miller trat nun an Urey heran und schlug ihm vor, die Experimente tatsächlich durchzuführen.

Als der 23-jährige Miller im Frühjahr 1953 seine Experimente in einem Vortrag vorstellte, fragte jemand, ob man denn sicher sein könnte, dass solche chemische Reaktionen wirklich auf der Erde stattge-

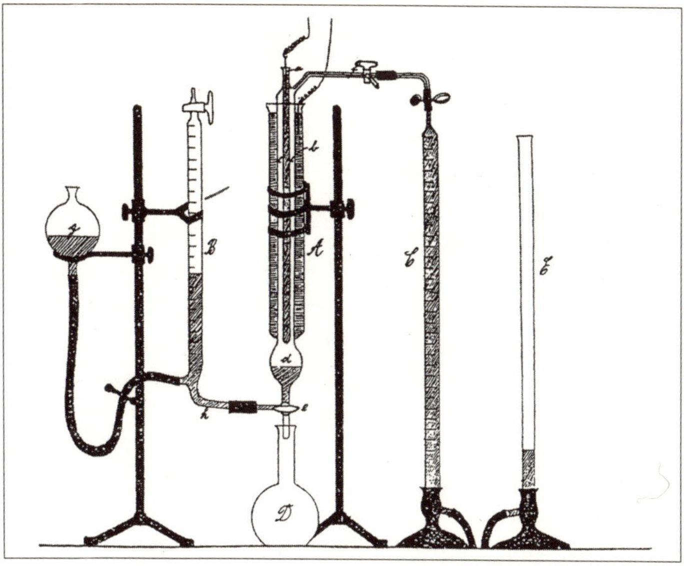

Walther Löb führte bereits 1914 ähnliche Experimente wie Miller durch.

funden hätten. Urey beantwortete diese Frage für Miller: »Wenn Gott es nicht so gemacht hat, hat er eine gute Gelegenheit verpasst.« Urey überließ Miller die alleinige Autorschaft und nutzte seinen Einfluss als Nobelpreisträger, um die Publikation zu beschleunigen. Die Arbeit erschien am 15. Mai 1953 in der Zeitschrift ›Science‹ und löste weltweite Reaktionen aus. »Experiment belegt Theorie, dass das Leben in einem chemischen Akt begann«, hieß es etwa. Die New York Times vermutete, dass man in hundert Jahren mit Millers Methode vielleicht ein Beefsteak chemisch herstellen könne. Und im Time Magazine konnte man lesen : »Wäre der Apparat so groß wie das Meer gewesen und hätte eine Million Jahre gearbeitet, hätte er vielleicht das erste lebende Molekül erzeugt.«

Das Urey-Miller-Experiment schien die von Darwin, Oparin und Haldane postulierte Ursuppe zu beweisen. Und in gewisser Hinsicht war es tatsächlich ein Durchbruch. Es legte den Grundstein für die präbiotische Chemie, und die Abiogenese-Forschung wurde zu einer experimentellen Wissenschaft. Auch Pasteur hatte schon experimentiert, doch seine bahnbrechenden Ergebnisse waren negativ: Er zeigte, dass Leben nicht, wie jahrhundertelang geglaubt, spontan in irgendwelchen Aufschlämmungen entstehen kann. Miller setzt positive Ergebnisse dagegen: Die chemische Grundlage des Lebens kann in Glaskolben erzeugt werden. Die Kritik am Miller-Experiment richtet sich in erster Line auf die Konzentration der Produkte. Es ist unwahrscheinlich, dass aus Aminosäuren, die in der Ursuppe in großer Verdünnung entstehen, etwas anderes wird als Aminosäuren.

Miller war nicht der Erste, der Synthesen unter präbiotischen Bedingungen durchgeführt hat. Einer der erstaunlichsten Vorläufer von Stanley Miller ist Walther Löb, der in den Jahren 1906 und 1914, ganz ähnlich wie Miller, Experimente durchführte, bei denen aus einfachen anorganischen Verbindungen organische Verbindungen entstanden. Auch Löb füllte Glaskolben mit Gasen wie Kohlendioxid (CO_2) und Kohlenmonoxid (CO), behandelte die Substanzen mit elektrischen Entladungen und analysierte die Produkte – und fand Glycin sowie Aldehyde, die Vorläufer für viele organische Synthesen sind. Löbs Experimente blieben unbeachtet und zeigen deutlich, wie wichtig der Kontext ist, in dem ein Experiment durchgeführt oder eine Theorie aufgestellt wird. Löb füllte seine Kolben mit einer anderen Absicht als Miller. Dieser wollte herausfinden, wie Stickstoff und Kohlenstoff von Pflanzen assimiliert werden, jener die Lebensentstehung in einer Uratmosphäre simulieren.

Auch Melvin Calvin in Berkeley führte auf der Suche nach den Wur-
S. 101 zeln der **Photosynthese** Anfang der 50er Jahre ähnliche Experimente durch. Er wollte untersuchen, ob auch außerhalb von Zellen durch Strahlung Kohlenhydrate erzeugt werden können. Dazu bestrahlte er Gemische aus Wasserstoff und Kohlendioxid in einer Lösung von Eisen-Ionen mit α-Strahlung (Helium-Ionen), stellvertretend für eine

erhöhte Radioaktivität auf der jungen Erde, und fand, dass sich die einfachste organische Säure, nämlich Ameisensäure (HCOOH), sowie Formaldehyd (H_2CO), Essigsäure (CH_3COOH) und weitere organische Säuren gebildet hatten.

Millers Versuche erregten mehr Aufsehen als die von Calvin oder Löb, denn er verwendete elektrische Funken als Energiequelle, die spektakulärer als α-Strahlung ist. Auch die Ästhetik des Experiments mag eine Rolle gespielt haben. Man vergleiche einmal die Löb-Kolben mit den Miller-Kolben. Das eine eine zackige, willkürlich erscheinende Skyline von spitzen Glas-Büretten, das andere ein rundes, harmonisch geschlossenes System, in dem es blitzt. Wie die symmetrische Doppelhelix sind auch die Miller-Kolben zu einer Ikone geworden.

Wann immer es um die Frage nach dem Ursprung des Lebens geht, das Miller-Experiment ist unausweichlich. Es ist das Verdienst von Urey und Miller, die präbiotische Chemie als eine experimentelle Wissenschaft etabliert zu haben. In vielen Biologie- und Biochemie-Büchern wird das Miller-Experiment allerdings so dargestellt, als würde es den molekularen Ursprung des Lebens erklären.

Die Ursuppe kocht weiter

Bis zur Mitte des 20. Jahrhunderts war es nicht klar, welche Bedeutung Proteine im Verhältnis zu den Nukleinsäuren für die Funktion von Zellen haben. Mit der Erkenntnis, dass genetisches Material aus DNA und nicht aus Protein besteht, und mit der Aufklärung der DNA-Struktur änderte sich das. Das Interesse verschob sich von den Proteinen zu den Nukleinsäuren und damit von den Aminosäuren zu den Nukleotiden. Proteine wurden mehr und mehr zu »Funktionsträgern« und damit zweitrangig nach dem »Informationsträger« DNA.

Das wissenschaftliche Programm der präbiotischen Chemie nach 1953 war durch das Miller-Experiment vorgegeben. Man musste zunächst versuchen, möglichst viele biochemische Grundsubstanzen,

die im Zellstoffwechsel eine wichtige Rolle spielen, unter den Bedingungen der Uratmosphäre im Reagenzglas herzustellen. Die wichtigsten Substanzen waren erstens die Nukleotide, zweitens die Aminosäuren, drittens der Rest. Wenn die bekannten Grundsubstanzen in geeigneter Konzentration an geeigneten Orten bei der richtigen Temperatur vorliegen, so dachte man, können sich die ersten selbstreplizierenden Systeme daraus nach einer Art Selbstorganisation entwickeln. Ein Modell dafür war der Selbstaufbau von Tabakmosaik-
S. 87 **viren** (TMV). Ebenso wie sich das funktionierende Virus aus seinem genetischen Material und der zugehörigen Proteinhülle von selbst zusammensetzt, so würde sich eine lebende Zelle aus dem Ursuppeninhalt zusammenfinden.

DNA besteht aus den Nukleotiden mit den Basen Adenin, Guanin, Cytosin und Thymin. Ärgerlicherweise waren diese Verbindungen nicht in den Miller-Experimenten gebildet worden. Aber es war Blausäure entstanden. Aus Blausäure konnte im Labor Adenin hergestellt werden. Juan Oró zeigte in den 60er Jahren, dass man schon mit geringem Erwärmen aus einer konzentrierten Lösung Blausäure Adenin gewinnen konnte. Miller und seine Mitarbeiter bewiesen in der Folge, dass Adenin entstehen konnte, wenn man verdünnte Lösungen von Blausäure für einige Jahre (!) im Gefrierschrank aufbewahrte. Beim Einfrieren der Lösung bildeten sich zunächst Eiskristalle und hinterließen eine konzentrierte Lösung von Blausäure, die dann selbst bei den sehr niedrigen Temperaturen zu Adenin reagieren konnte. Auch die Synthese von anderen Nukleotidbasen gelang Oró und Miller.

Aus den präbiotisch-chemischen Experimenten, wie sie von Miller zum ersten Mal durchgeführt wurden, wurde deutlich, dass sich viele organische Verbindungen herstellen lassen, darunter auch Verbindungen, die im Stoffwechsel eine zentrale Rolle spielen. Daran schließen sich drei Probleme an: die spezifische Polymerisation, die Bildung von selbst-replizierenden Systemen und die Bildung von Zellen.

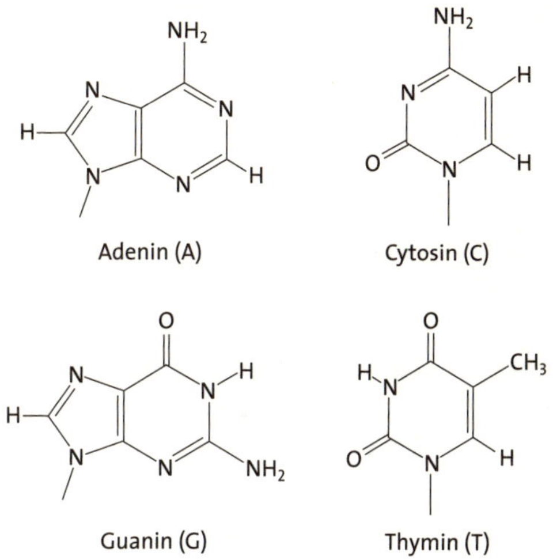

A, T, C und G sind die Grundbausteine der DNA.

Polymere sind von universeller Bedeutung für das Leben. DNA ist ein Polymer aus Nukleotiden. Proteine sind Polymere aus Aminosäuren, Stärke und Cellulose sind Polymere aus Zuckerbausteinen (Kohlenhydraten). Selbst die Fettsäuren der Lipide, aus denen die Membranen aufgebaut sind, können als Polymere (von »aktivierter Essigsäure«) aufgefasst werden. Die Polymerisation von Nukleotiden, Aminosäuren oder Kohlenhydraten ist an sich chemisch anspruchslos. Es sind Kondensationsreaktionen, das heißt, Wasser wird abgespalten. Solche Reaktionen lassen sich im Prinzip einfach unter präbiotischen Bedingungen durchführen. Anspruchslos sind Polymerisationen aber nur, solange es auf die Abfolge der einzelnen Bausteine nicht ankommt. Doch es ist gerade die besondere Eigenschaft von DNA, dass die genetische Information in der Abfolge der Nukleotide zu finden ist. Wie eine geordnete Folge von Bausteinen in einer Ursuppe zueinandergefunden haben könnte, lässt sich also nicht leicht erklären.

Der amerikanische Chemiker Sidney Fox knüpfte an die Miller-Experimente an und versuchte, einfache Zellen aus den Aminosäuren des Miller-Experiments herzustellen. In dem Buch ›Molekulare Evolution und der Ursprung des Lebens‹, das Fox und Klaus Dose 1972 veröffentlicht haben, findet sich sogar ein Kochrezept für die Herstellung der zellenartigen Gebilde (»Mikrosphären«), die Fox populär gemacht hat: Man erhitze eine Mischung von je einem Gramm der Aminosäuren Aspartat und Glutamat mit einem weiteren Gramm einer beliebigen anderen Aminosäure (oder einer Mischung von anderen Aminosäuren) für zwei bis fünf Stunden bei 180°C. Dazu gibt man (vorsichtig!) im heißen Zustand und unter Umrühren zehn Milliliter kochende einprozentige Natronlauge, kocht für 30 Sekunden auf und gießt den heißen klaren Überstand ab. Die Lösung ohne Umrühren abkühlen lassen und mit einem guten Mikroskop untersuchen. (Wenden Sie sich bitte an einen erfahrenen Chemiker. Heiße Natronlauge verursacht schwere Verätzungen und schwer heilende Wunden.)

Das Experiment besteht eigentlich aus zwei Teilen. Zunächst, beim Erhitzen, verbinden sich die Aminosäuren zu Proteinoiden, proteinartigen Verbindungen. Auch bei der **Translation** (Proteinbiosynthese) in der Zelle werden Aminosäuren zu Proteinen verkettet. Werden die Aminosäuren in Abwesenheit von Wasser erhitzt, so wird das Wasser entfernt, und es bilden sich Proteine. Das geschieht allerdings völlig unkontrolliert. Die Proteine sind unregelmäßig und ungeordnet. Im zweiten Teil des Experiments werden die Proteinoide dann in eine wässrige Lösung gegeben. Die »Mikrosphären«, die dabei entstehen, sind nichts als Schaum, der mikroskopisch betrachtet wie Zellen aussieht. Bier- und Cappuccinoschaum besteht ebenfalls aus Proteinen. Dieser Schaum regt zwar die Phantasie an, hat aber mit dem Ursprung des Lebens nichts zu tun. Die Experimente von Fox stehen in der Tradition von Oparin. Wir verdanken ihnen die Einführung von chemischen Experimenten in die Frage nach dem Ursprung des

S. 92

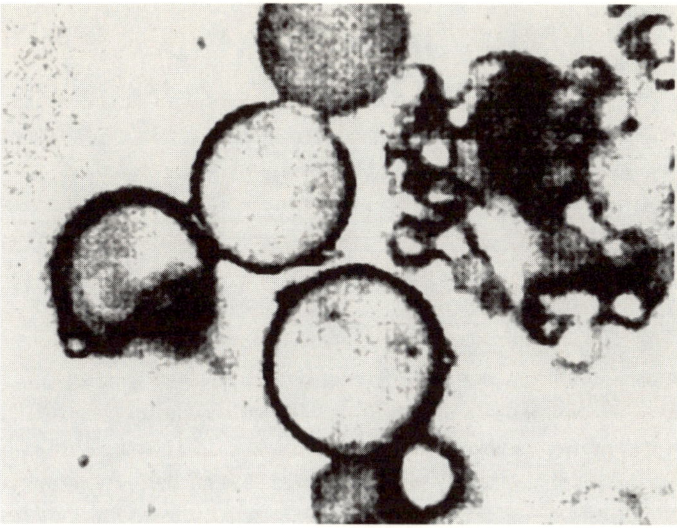

Fox's Mikrosphären sind Bläschen aus proteinoiden (proteinartigen) Verbindungen, die wie Zellen aussehen.

Leben und den Hinweis darauf, dass Hüllen nicht unbedingt aus Lipiden bestanden haben müssen.

Es führt eine direkte Abstammungslinie von Darwins kleinem warmen Teich über Oparins und Haldanes Annahmen über die reduzierende Atmosphäre bis hin zu Millers Experimenten und den folgenden Versuchen, Aminosäuren und Nukleotide unter präbiotischen Bedingungen herzustellen. Die ersten Lebewesen mussten sich von organischen Molekülen ernähren, die außerhalb dieses Organismus entstanden sind. Ursuppentheorien sind Theorien eines heterotrophen Lebensursprungs. Alle Ursuppentheorien sind seltsam zweigeteilt. Zunächst entstehen unter ziemlich chaotischen Bedingungen so etwas wie Nährstoffe: die Ursuppe. Daraus soll sich dann, in einem zweiten Schritt, durch Selbstorganisation Ordnung und Leben entwickeln.

REPLIKATOREN UND SELBSTREPLIKATOREN

Es wurde oft festgestellt, dass ein Huhn nur die Methode eines Eis ist, ein neues Ei zu machen.

Samuel Butler (1835–1902)

Das ist Leben

Am 25. April 1953, drei Wochen vor der Veröffentlichung des Urey-Miller-Experiments, erschien in der Zeitschrift ›Nature‹ ein Artikel mit dem Titel ›Molekulare Struktur von Nukleinsäuren – Eine Struktur für Desoxyribonukleinsäure‹. Die Autoren dieser Arbeit waren Francis Crick (1916–2004) und James Watson (*1928). Die Arbeit präsentierte das (von Cricks Frau Odile gezeichnete) Modell der DNA-Doppelhelix.

DNA ist ein Doppelstrang aus zwei Polymeren, deren Rückgrat Ribose-Zucker und Phosphat enthalten. An jedem Zucker-Molekül befindet sich eine von vier Nukleotid-Basen, die sich miteinander im Zentrum der Doppelhelix paaren: A paart sich mit T, C mit G. Für die Vermehrung der DNA wird der Doppelstrang getrennt, an jedem Einzelstrang wird ein neuer Strang synthetisiert (semikonservative Replikation).

Die Veröffentlichung der DNA-Struktur erregte erst ein paar Jahre später größeres Aufsehen, als sichtbar wurde, wie die DNA in das zelluläre Geschehen eingebettet ist. In den 60er Jahren wurde beschrieben, nach welchem Code die Basenabfolge der DNA in der Zelle in Protein übersetzt wird. Man erkannte, dass Proteine nicht direkt an die DNA binden, sondern dass die DNA zunächst in ein DNA-ähnliches Molekül übersetzt wird, die mRNA (messenger RNA). Sie ist die Vorlage für die Proteinsynthese.

Francis Crick (1916–2004)

Durch Translation wird RNA in Protein übersetzt. **Translation** findet an Ribosomen statt: Die mRNA wird in Ribosomen eingefädelt, dann bringen Adaptermoleküle der Reihe nach Aminosäuren zum Ribosom. Die Aminosäuren werden zu einer Aminosäurekette, einem Protein verknüpft. Die Reihenfolge der Aminosäuren wird durch Dreierabschnitte auf der mRNA bestimmt. Stehen zum Beispiel die drei Basen GGC (in dieser Reihenfolge) als nächstes Codon der mRNA im Ribosom, dann muss ein Adaptermolekül an diese Stelle der mRNA binden, das die zu GGC komplementäre Basensequenz CCG trägt und gleichzeitig die Aminosäure Glycin mitbringt, denn GGC codiert laut genetischem Code Glycin (siehe auch Abb. auf S. 97 zur Evolution des genetischen Codes). S. 92

Die Information in der DNA legt also einen weiten Weg über den Ribotyp (RNA) zurück, bevor sie in einem Protein, und damit im Phänotyp, sichtbar wird. Den gerichteten Fluss der genetischen Information von der DNA über die RNA zum Protein bezeichnet man nach Francis Crick als »Zentrales Dogma« der Molekularbiologie. Das Zentrale Dogma prägte das Bild vom Leben als eine Bewegung von der

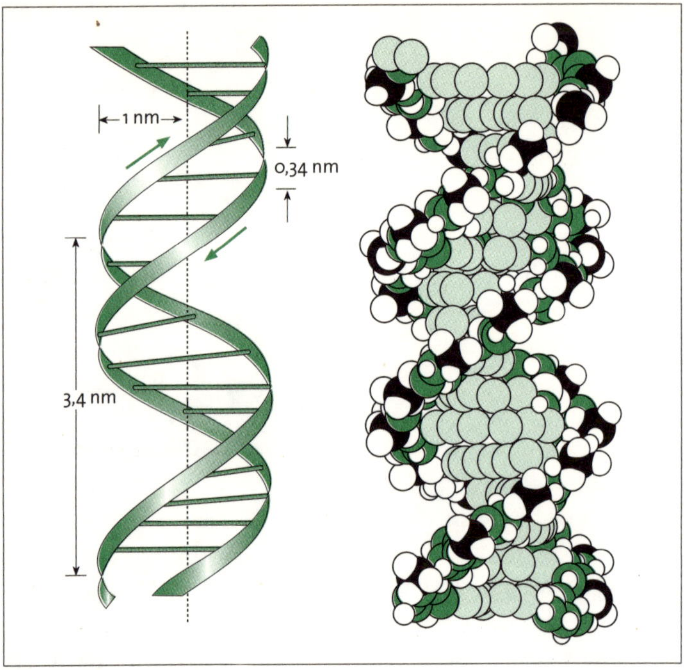

DNA Doppelhelix

Information (DNA) zur Funktion (Protein). Die Gleichsetzung von DNA mit Information und Protein mit Funktion verstellt allerdings den Blick auf die evolutionäre Entstehung dieses Prinzips.

Mit der Molekularbiologie bildete sich eine Wissenschaft heraus, die sich anschickte, die Biologie neu zu definieren; Ökologen, Zoologen, Botaniker und Evolutionsbiologen betrieben fortan nur noch »klassische Biologie«, die moderne Biologie war die Molekularbiologie. In den 70er Jahren erfuhr diese junge Wissenschaft eine weitere folgenreiche Wendung. Man lernte, die genetische Information nicht nur zu verstehen, sondern sie auch gezielt zu verändern. Zellen wurden zu Werkzeugkästen. Man fand DNA-schneidende Enzyme (Re-

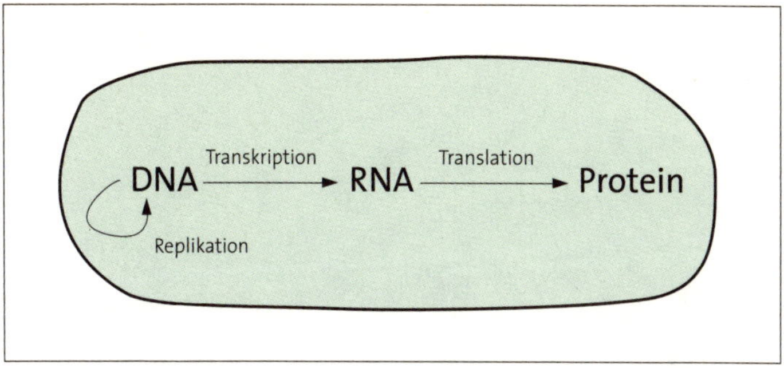

Das Zentrale Dogma der Molekularbiologie beschreibt den Fluss der genetischen Information.

striktionsenzyme), DNA-verbindende Enzyme (Ligasen), DNA-vermehrende Enzyme (Polymerasen) und **Viren** und Plasmide als DNA-Speicher (Vektoren). Gene ließen sich von einem Organismus in einen anderen verpflanzen. Kurz, genetische Information konnte gelesen und editiert werden. Und das Lesen machte Fortschritte. Nachdem es 1953 zum ersten Mal gelungen war, die vollständige Sequenz eines einzelnen Proteins, von Insulin, zu ermitteln, wurden 1995 die ersten vollständigen, mehrere Millionen Basenpaare umfassenden Gensequenzen von Einzellern vorgestellt. S. 87

Im Jahr 1965, der genetische Code war noch nicht vollständig entschlüsselt, veröffentlichte Watson sein berühmtes Lehrbuch ›Die Molekularbiologie des Gens‹, in dem er den Stand dieser jungen Wissenschaft zusammenfasste. Watsons Unbescheidenheit und die Begeisterung über die neue Biologie waren so groß, dass er das Buch zunächst als Antwort auf Schrödingers Frage *Was ist Leben?* »Das ist Leben!« nennen wollte. Sein Verleger hielt ihn davon ab.

Das Bild von der Doppelhelix ist zu einer Ikone für das molekular definierte Leben, die mit der Doppelhelix verbundene Replikation der genetischen Information zum zentralen Paradigma des Lebens geworden. Seit Watson und Crick heißt den Ursprung des Lebens zu er-

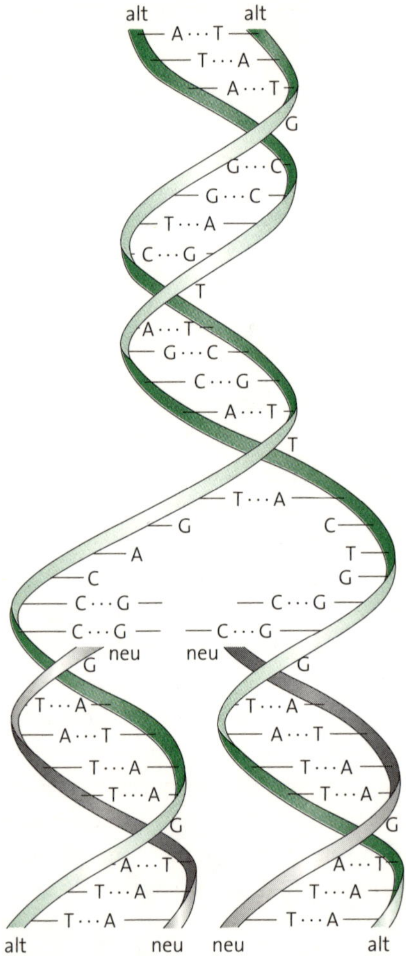

Semikonservative Replikation von DNA: eine neue Helix entsteht aus je einem neuen und einem alten DNA-Strang.

klären, den Ursprung der ersten selbstreplizierenden Systeme zu finden.

Fehlerkatastrophe und Hyperzyklus

Das erste Molekül, das seine eigene Vermehrung katalysiert, hat ein Problem. Es ist entweder zu kurz oder zu lang. Stellen wir uns diesen ersten Replikator als ein Polymer vor, zum Beispiel ein Protein oder eine RNA-Kette. Dieses Molekül muss eine bestimmte Mindestgröße haben: Es muss eine gewisse Mindestinformation in sich tragen, die es ermöglicht, dass es sich selbst vervielfältigt. Mit steigender Länge des Polymers steigt aber auch der Anspruch an die Genauigkeit der Replikation. Wenn es sehr lang wird, muss die Kopiergenauigkeit umso größer sein. Sonst sind in der Kopie so viele Fehler, dass sie in der Folgegeneration kein Replikator mehr ist. Je einfacher (kürzer) aber der Selbstreplikator ist, desto ungenauer wird er arbeiten. Eine aufwendige Fehlerkorrektur findet man erst bei modernen Enzymen, die viel komplexer sind, als es die ersten selbstreplizierenden Moleküle sein konnten.

Der Physiker und Biochemiker Manfred Eigen (*1927) wies in den 70er Jahren auf diese Fehlerkatastrophe hin, die eintritt, wenn die Replikationsgenauigkeit zu gering wird. Nun könnte man meinen, dass es einen Kompromiss gibt zwischen zu informationsarmen Molekülen auf der einen Seite und einer akzeptabeln Fehlerrate langer Replikatoren auf der anderen. Den gibt es aber nicht. Zumindest nicht aus der Perspektive der Ursuppe. Eigen berechnete, dass ein solches Kompromissmolekül einhundert Bausteine lang sein müsste. Das ist viel zu lang, um von selbst zu entstehen.

Eigen versuchte in den 70er Jahren mit Peter Schuster dieses »Eigen'sche Paradox« mit dem Hyperzyklus zu lösen. Der Trick ist einfach: Man zerlegt den Replikator in einzelne Teile: Ein Molekül I_1 fördert die Vermehrung von Molekül I_2, I_2 die von I_3 und so weiter, bis

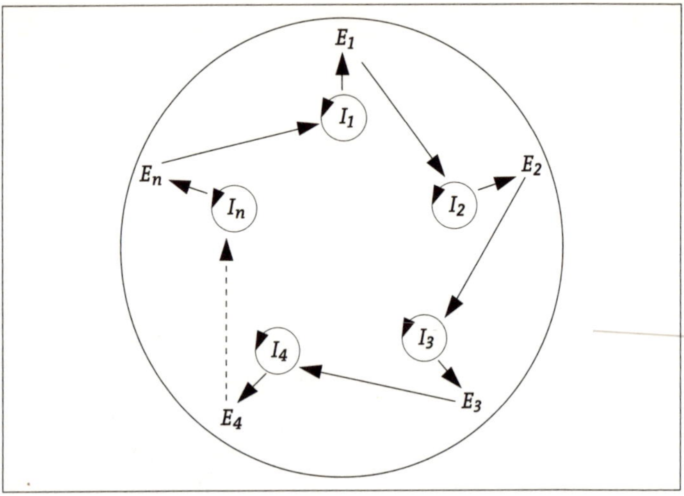

Der Hyperzyklus nach Eigen. Jeder Replikator I_x unterstützt – vermittelt durch E_x – einen anderen Replikator I_y bei der Replikation.

das letzte Molekül wiederum die von I_1 fördert. Mehrere Replikatoren werden kinetisch miteinander verbunden. Auch wenn das zunächst sehr theoretisch klingt und in der Formulierung von Eigen ein mathematisches Modell ist, findet man es in der belebten Natur überall: Jedes Ökosystem stellt einen stark vernetzten Hyperzyklus dar, jede Nahrungskette ist ein Hyperzyklus.

Das Modell vom Hyperzyklus zur Lebensentstehung war sehr erfolgreich und leistete einen wichtigen Beitrag zur mathematischen Formulierung der Evolutionstheorie. Der Hyperzyklus basiert aber auf der Annahme, dass die Entstehung des Lebens mit der Entstehung von informationstragenden Polymeren wie DNA oder RNA gleichzusetzen ist, dass also *Information* Priorität vor *Funktion* hat. Doch diese Annahme trifft wahrscheinlich nicht zu.

Der Hyperzyklus ist gedanklich in der Ursuppe angesiedelt und versucht diese mit dem Primat der Replikation zu verbinden. Er rettete damit die in den 70ern schal werdende Ursuppe und ebnete den Weg für die **RNA-Welt**, die als die Inkarnation des Hyperzyklus erschien. Der Hyperzyklus zeigte als mathematische Theorie, wie sich Evolution formalisieren lässt. Ebenso wie Ursuppentheorien postuliert die Hyperzyklustheorie aber ein unrealistisch mehrstufiges Modell zur Lebensentstehung. Zunächst sollen geeignete Monomere entstanden sein, die dann polymerisiert sind und sich nach Art eines Hyperzyklus angeordnet haben. Letztlich steht dahinter die Idee, Zellen seien nur durch geeignete Kombination von heute noch auffindbaren Zellbestandteilen entstanden, als sei also alles, was zur Evolution des Lebens beigetragen hat, heute noch offensichtlich. S. 92

Eine Welt aus Nukleinsäure

Das Zentrale Dogma beschreibt den Fluss der genetischen Information von der DNA über die RNA zum Protein (Abb. S. 47). In jeder Zelle wird DNA in RNA umgeschrieben (Transkription) und RNA in Protein übersetzt **Translation**. Proteine sind molekulare Maschinen, die nahezu die gesamte Arbeit übernehmen, auch die Transkription und Translation. Tausende von Genen, die sich in einer Zelle befinden, bestehen aus Milliarden von DNA-Einzelbausteinen (Basen), die von Hunderten von verschiedenen Proteinen bearbeitet werden. Das ist kompliziert und stellt ein schwieriges Henne-oder-Ei-Problem. An allen chemischen Reaktionen, also auch an der Proteinsynthese, sind Proteine beteiligt. Man kann sich die genetische Information der DNA und deren Verarbeitung nicht ohne Proteine vorstellen, aber ohne genetische Information gibt es keine Proteine. S. 92

Darüber hinaus ist die Übersetzung von mRNA in Protein nicht einfach. Seit 1977 ist bekannt, dass eukaryontische mRNA unmittelbar nach ihrer Entstehung zahlreiche große Stücke (Introns) enthält, die gar nicht in Protein übersetzt werden, sondern aus dem Erstabschrieb herausgeschnitten werden, bevor die mRNA in Protein über-

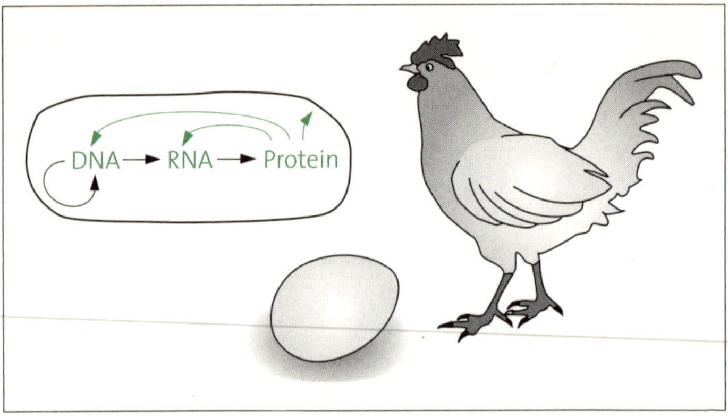

Die evolutionäre Entstehung des Zentralen Dogmas ist ein Henne-und-Ei-Problem: Was war zuerst da, DNA oder Protein?

setzt wird. Durch das Zusammenspleißen der verbleibenden Exons entsteht aus dem primären Transkript die reife mRNA.

Dieses Herausspleißen könnte man als Energieverschwendung auffassen. Erst wird die RNA aufwendig hergestellt, dann werden die benötigten Stücke herausgeschnitten und der Rest abgebaut. Das ist wie bei einem Plätzchenteig, bei dem die ausgestochenen Formen nicht besonders dicht liegen, nur dass man aus dem übrig gebliebenen Teig nicht so leicht wieder neue RNA kneten kann.

Zur Verteidigung des Spleißens muss man sagen, dass es auch Vorteile hat. Es stellt eine zusätzliche Möglichkeit dar, die Proteinsynthese der Zelle zu regulieren. Durch alternatives Spleißen können verschiedene Exons zusammengespleißt werden und so verschiedene Proteine aus einem ursprünglich gleichen Primärtranskript entstehen. Spleißen ist eine der zahlreichen Verkomplizierungen des Zentralen Dogmas, aber es ist auch ein Schlüssel zum Verständnis der frühen Evolution und zur Lösung des Henne-und-Ei-Problems.

Es gibt Zellen, in denen für das Spleißen keine Proteine gebraucht werden. Dort macht die RNA es selbst. Es war eine Sensation, als Tom

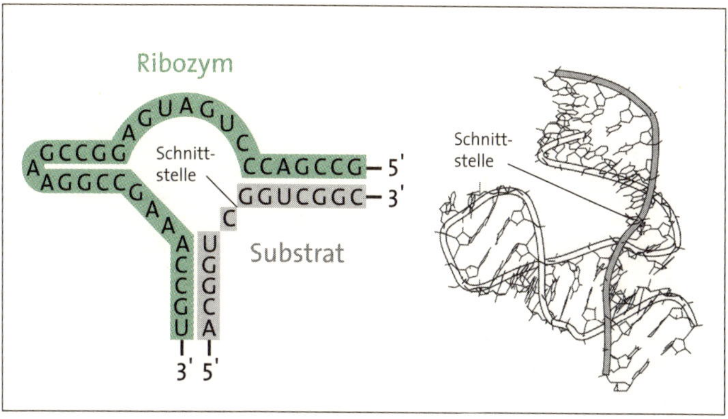

Das hier abgebildete Ribozym (katalytische RNA) kann sich selbst in zwei Stücke schneiden.

Cech und Sidney Altman 1982 entdeckten, dass RNA sich selbst schneiden kann. Dadurch geriet ein anderes Dogma ins Wanken, nämlich dass Enzyme immer Proteine sein müssen. Schneiden und Wiederverbinden der RNA ist schließlich ein enzymatischer Vorgang. Auch RNA kann also ein Enzym sein. Eine katalytisch aktive RNA heißt Ribozym. Die Entdeckung der katalytischen RNA löst also das Henne-oder-Ei-Problem von genetischer Information und Funktion, indem sie beides ist. Ein Informationsspeicher wie DNA und ein Funktionsträger wie Protein.

Die durch die Entdeckung der Ribozyme fundierte **RNA-Welt**-Theorie S. 92 besagt, dass die erste genetische Information aus selbstreplizierender RNA bestand, also aus Ribozymen, die ihre eigene Vermehrung katalysieren konnten. Vor circa 3.5 Milliarden Jahren könnte Leben aus RNA oder einem RNA-ähnlichen Molekül entstanden sein. Eine selbstreplizierende RNA würde sich ähnlich wie ein DNA-Doppelstrang vermehrt haben: Die einzelnen Nukleotide lagern sich an die bereits bestehende RNA an und werden von ihr selbst zu einem Einzelstrang verknüpft. Die chemische Aktivität, die dafür erforder-

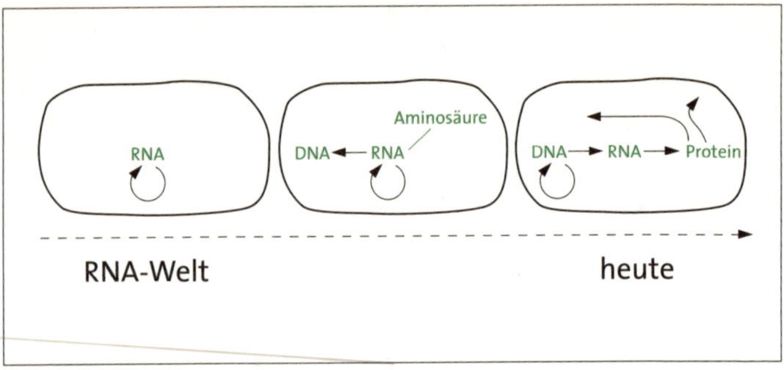

Evolution des Zentralen Dogmas aus selbstreplizierender RNA. DNA entsteht durch reverse Transkription, Aminosäuren und Proteine erscheinen zuerst als chemische Modifikation der RNA.

lich ist, ist in den Spleiß-Ribozymen bereits vorhanden. **Im Reagenzglas** (*in vitro*) ist es – mit ein paar Tricks – bereits gelungen, autokatalytische RNA-Enzyme herzustellen.

S. 104

In der Folge der Entdeckung des Selbst-Spleißens von RNA kam es zu einer Emanzipation der RNA in der Wissenschaft. RNA ist nicht ein länger ein langweiliger oder sogar überflüssiger Zwischenspeicher (mRNA) oder Adapter (tRNA) auf dem Weg von der DNA zum Protein, wie es das Zentrale Dogma suggeriert. RNA wird beispielsweise für die Verdopplung der DNA durch Replikase gebraucht. Kurze Stücke von RNA machen den Anfang der DNA-Verdopplung. Chromosomenenden von Eukaryonten werden von RNA-haltiger Telomerase stabil gehalten. In Spleißosomen, in denen sich RNA nicht selbst spleißen kann, spielen kleine RNA-Stücke trotzdem die Hauptrolle. Und im Jahr 2000 bestätigte sich, was einige »RNA-Weltler« bereits vermutet hatten: Auch der riesige Molekülkomplex, der die RNA in Protein übersetzt, das Ribosom, ist ein Ribozym: Ribosomen bestehen aus Protein und RNA. Aber die eigentliche Verknüpfung der Aminosäuren miteinander wird von RNA ausgeführt. Die Proteine halten den riesigen Ribozymkomplex nur zusammen.

Selbst damit endet die Erfolgsgeschichte der RNA nicht. Wie man erst seit wenigen Jahren weiß, sind kleine RNA-Stücke an der Regulation der Proteinsynthese beteiligt. Solche RNA-Stücke kann man auch verwenden, um Proteinsynthese von Zellen in Zellkultur künstlich zu steuern. Daher könnte es auch gelingen, Arzneimittel auf RNA-Basis zu entwickeln, z.B. zur Senkung des Cholesterinspiegels im Blut. Forschungsergebnisse im Zusammenhang mit RNA werden regelmäßig zu den Entdeckungen des Jahres gekürt.

Wir müssen zwei nahe liegende Fragen klären. Wenn RNA zuerst da war, wie entstanden die Translation und die Proteine? Und woher kommt die DNA? Die zweite Frage ist einfacher zu beantworten. RNA ist der DNA chemisch sehr ähnlich, nur bildet sie keine Doppelhelix. Im Gegensatz zur DNA besitzt RNA eine weitere Alkoholgruppe am Zucker (Ribose statt Desoxyribose), aber keine Methylgruppe am Thymin (ergibt Uracil). Transkription ist Übersetzung von DNA in RNA, Replikation ist Übersetzung von DNA in DNA. Gibt es auch Übersetzung von RNA in DNA? Im Jahr 1970 entdeckten David Baltimore und Howard Temin die Reverse Transkriptase (RT), ein Enzym, das RNA in DNA übersetzen kann. Diese Entdeckung erweiterte das Zentrale Dogma. Information kann nicht nur von DNA auf RNA übertragen werden, sondern auch umgekehrt.

$$\text{DNA} \leftrightarrow \text{RNA} \rightarrow \text{Protein}$$

Reverse Transkriptase hat vermutlich vor ein paar Milliarden Jahren RNA in die stabilere, aber auch unflexiblere Speicherform DNA übersetzt, eine Art von Sicherheitskopie, die längst zur eigentlichen Speicherform geworden ist.

Was macht Reverse Transkriptase heute, wo ausnahmslos alle Zellen vom Bakterium bis zum Säuger ihre genetische Information in DNA und nicht RNA speichern? Stellen wir uns ein Stück RNA vor, das eine RT codiert, die wiederum ihr eigenes RNA-Gen transkribieren kann. Wenn so ein Stück RNA in eine Zelle gelangt, wird sie in Protein übersetzt. Die so entstandene RT übernimmt die Umschreibung des RNA-Stücks in DNA. Wenn jetzt die DNA noch so beschaffen ist, dass sie ins Genom der Wirtszelle integriert werden kann, dann hat unser RNA-Stück das RNA-Sein geschickt ausgenutzt, indem es sich von wenig haltbarer RNA in ein Teil der Wirts-DNA umgewandelt hat, die mit der Wirtszelle repliziert wird. Was hier beschrieben wurde, ist nichts anderes als eine Infektion mit einem Retrovirus. In Retroviren lebt die RT fort, für die es in Zellen sonst fast keine Verwendung mehr gibt. Das AIDS-auslösende HI-Virus ist das bekannteste Retrovirus.

Man fand in Zellen weitere Spuren der ehemals so wichtigen Übersetzung der RNA in DNA. In eukaryontischen Zellen haben die Chrommsomen Enden, die sich nicht einfach replizieren lassen, sie werden mit jeder Zellteilung kürzer. Das ist einer der Gründe von Zellalterung. In embryonalen Zellen verhindert das Enzym Telomerase die Chomosomenschrupfung, indem es die Chromosomenenden repliziert. Telomerase trägt ein Stück RNA in sich, das die Chromosomenenden codiert, sie ist somit eine Reverse Transkriptase. Die mitgebrachte RNA wird in die DNA der Chromosomenenden umgeschrieben. Telomerase ist ein weiteres Fundstück in unserer Molekulararchäologie der Zelle.

Im Unterschied zur Reversen Transkription gibt es keine reverse
S. 92 **Translation**. Es existiert in der Zelle keine Maschine, die Proteinsequenzen in RNA-Sequenzen umsetzen kann, und man kann sich ziemlich sicher sein, dass es sie auch nie gegeben hat. Proteine haben aber auch klein angefangen, möglicherweise als Hilfsmoleküle (Cofaktoren) der RNA-Welt.

STOFFWECHSEL

Die Urpizza: Oberflächen und Gerüste

Das Auffälligste an einer Zelle ist ihre Begrenzung. Leben ist nur durch Kompartimente möglich, welche die chemischen Vorgänge in einer Zelle bündeln. Im Idealfall können Energie und Nährstoffe in diese Reaktionsräume hinein und die Abfallprodukte heraus gelangen. In einer Zelle ist dieses Prinzip auf perfekte Weise verwirklicht. In lebenden Zellen sind Kompartimente meist durch Membranen definiert. Die gesamte Zelle selbst ist ein solches Kompartiment. Der Zellinhalt ist deswegen so dickflüssig, weil es der Zelle gelingt, alle Enzyme und Biomoleküle in großer Dichte in sich zu halten.

Chemische Reaktionen beruhen darauf, dass sich Moleküle begegnen und dann miteinander reagieren. Die Wahrscheinlichkeit für die Begegnung zweier Moleküle ist viel größer, wenn sie sich in wenigen millionstel Milliliter aufhalten, als wenn sie im Weltmeer gelöst vorliegen. Schon Darwin hatte die Ursuppe in einen kleinen Teich verlegt. Aber auch in dem kleinsten Teich kann durch Sonne, Blitze oder UV-Strahlung die Konzentration an organischen Molekülen nicht so zugenommen haben, dass irgendetwas biochemisch Zukunftsträchtiges entsteht. Das Konzentrationsproblem ist einer der Hauptkritikpunkte an Millers Experimenten.

Sind Zellmembranen entstanden, bevor es den ersten Stoffwechsel gab oder nachdem die ersten Metaboliten oder selbst-replizierenden Systeme entstanden waren? Wenn wir selbst über die Einführung von Zellmembranen in der Evolution des Lebens entscheiden dürften, stünden wir vor einem klassischen Dilemma. Führen wir sie früh ein, so wird der entstehende Metabolismus gut zusammengehalten und kann sich möglicherweise sogar teilen, wenn er groß geworden ist, wie sich eine lang gestreckte Seifenblase teilt. Aber er hatte keine Gelegenheit, Transportsysteme zu evolvieren, die ihn mit neuer Nahrung versorgen; er würde verhungern. Führen wir die Membranhüllen aber erst später ein, wie sollte dann das entstehende Leben zusammengehalten werden? Alles würde sich verdünnen, nichts würde entstehen. Wie bei allen evolutionären »Entscheidungen« gilt auch hier: Gut, dass *wir* sie nicht treffen mussten.

Es gäbe ein einfache Lösung unseres Dilemmas: Wir bräuchten einen photo-autotrophen Organismus, der seine Energie von der Sonne bezieht und die zellulären Bausteine nur aus Verbindungen bezieht, die seine Membran passieren können, wie z.B. Kohlendioxid. S. 101 Diese Idee müssen wir aber verwerfen. **Photosynthese**, also die Energiegewinnung mit Hilfe von Sonnenlicht, war in zellulärer Perspektive zwar eine recht frühe Erfindung, aber in metabolischer Perspektive kann sie nicht am Anfang gestanden haben. Selbst die einfachsten denkbaren Moleküle, durch die Licht in chemische Energie umgesetzt wird, sind zu kompliziert. Die Sonne kann nicht die Energiequelle der ersten Stoffwechselreaktionen gewesen sein.

Im Miller-Experiment ist der Glaskolben nur das Behältnis für chemische Reaktionen, dessen Begrenzung. Das ist ein schlechtes Modell für eine Zelle. Lange Zeit hielt man Zellen und Organellen wie zum Beispiel Mitochondrien für membranumhüllte Bläschen oder Enzymtaschen (*bags of enzymes*). Es war aber ein Missverständnis, Zellen und Organellen als Orte aufzufassen, *in* denen chemische Rektionen stattfinden. Die Zellmembran selbst ist der Reaktionsraum. Die zelluläre Chemie findet *an* den Membranen statt.

Es wurde immer wieder vorgeschlagen, dass Mineralien und Ton eine besondere Rolle bei der Entstehung des Lebens gespielt haben. Bereits Carl Nägeli vermutete Ende des 19. Jahrhunderts, dass Mineralien durch ihre katalytischen Eigenschaften zur Lebensentstehung beigetragen haben. In der Mitte des 20. Jahrhunderts unterstrich John Desmond Bernal (1901–1971) die Möglichkeit einer Anbindung (Adsorption) von Biomolekülen an den Oberflächen von Mineralien.

Die meisten Biomoleküle (DNA, Proteine, Phosphat, Vitamine, Cofaktoren, Säuren) sind eher negativ geladen. Mineralische Oberflächen müssten daher positiv geladen sein, wenn sie Biomoleküle binden sollen. Leben könnte an einer zweidimensionalen, positiv geladenen Oberfläche entstanden sein. Diese Urpizza könnte aus Pyrit und anderen **Eisen-Schwefel**-Mineralien bestanden haben. Einfache anorganische und organische Moleküle waren ihr Belag. S. 81

Nach einer Spekulation des Chemikers Graham Cairns-Smith waren Tonmineralien aber selbst das erste genetische Material. Die genetische Information liege in Kristallen vor, die kleine Unregelmäßigkeiten in ihrem Kristallgitter aufweisen. Die Vermehrung dieser Urgene fände statt, indem auf diesen Mineralien neue Schichten von Mineralien kristallisieren, welche die unregelmäßige Struktur nach Art eines Abdrucks kopieren.

Jedoch erscheint eine derartige Ton- oder Lehmwelt heute als unwahrscheinlich. Eine Vererbung von Unregelmäßigkeiten in Mineralstrukturen würde kaum funktionieren. Außerdem gibt es keine Möglichkeit für einen evolutionären Übergang von Kristallgenen zu Nukleinsäuregenen. Die Idee dieser Lehmwelt entstand aus der kurzschlüssigen Verbindung einer anorganischen Welt mit der scheinbaren Notwendigkeit, selbstreplizierende Systeme als die erste Lebensform vorzufinden.

Cairns-Smith verknüpft seine Lehmwelt aber mit dem interessanten Bild vom Bau eines Torbogens. Nach seiner Argumentation ist die Entstehung der ersten biologisch organisierten Materie aus sich heraus ebenso unwahrscheinlich wie Entstehung eines Torbogens von selbst. Es sei ein Gerüst erforderlich, das im Endprodukt nicht mehr zu erkennen ist. Die Lehmwelt sei das Baugerüst für die DNA-Welt. Dahinter steht die schmerzliche Einsicht, dass es Phasen der Evolution gegeben hat, aus denen uns keine eindeutigen Zeugnisse überliefert sind. Zwischenformen können einfach verschwunden sein, nutzlos geworden, korrodiert oder aufgefressen. Das ist sicher so. Aber das Bild von dem Torbogen vermittelt auch einen falschen Eindruck vom Wirken der Evolution. Dem Gerüst ist nämlich schon anzusehen, dass es das Vergängliche ist, während der Torbogen das absichtsvoll geplante Produkt ist. Evolution funktioniert so nicht. In der Evolution ist alles Gerüst und Torbogen zugleich. Evolution ist eine Folge von Formen, die Zwischenform und Endprodukt zugleich sind und in denen Vorhandenes auf oft überraschende Weise variiert oder aber verworfen wird.

Eine Welt aus Eisen und Schwefel

In den vergangenen zwanzig Jahren hat der Chemiker Günter Wächtershäuser (*1938) eine bemerkenswerte Theorie entwickelt, nach der Leben an mineralischen Oberflächen entstanden ist. Im Unterschied zu den Mineralgenen aus dem vorherigen Kapitel sind in dieser Theorie die Mineralien nicht die Gene, sondern der zweidimensionale chemische Reaktionsraum der ersten Stoffwechselreaktionen.

S. 81

In der **Eisen-Schwefel-Welt** (ESW) waren Mineralien wie Pyrit (FeS_2) das erste Kompartiment und zugleich Energielieferant auf dem Weg zur lebenden Zelle. Wächtershäuser versucht, den gesamten Stoffwechsel auf Reaktionen der ESW zurückzuführen, ein Verfahren, das er »Retrodiktion« nennt. Dabei wird ausgehend von heute existierenden Stoffwechselreaktionen überlegt, welches ein einfacherer Vorläufer dieser Reaktionen gewesen sein könnte. Es ist das Programm einer evolutionären Biochemie.

Wächtershäusers Theorie zum chemi-autotrophen Lebensursprung ist in vieler Hinsicht einzigartig. Sie ist die ausgetüfteltste aller existierenden Theorien. Alle grundlegenden biochemischen Stoffwechselreaktionen werden auf die Oberfächenmetaboliten der Eisen-Schwefel-Welt zurückgeführt. Was in den Ursuppentheorien ein geheimnisvolles Chaos bleibt, sind in der Eisen-Schwefel-Welt chemische Reaktionen, die sich theoretisch begründen lassen und Vor-

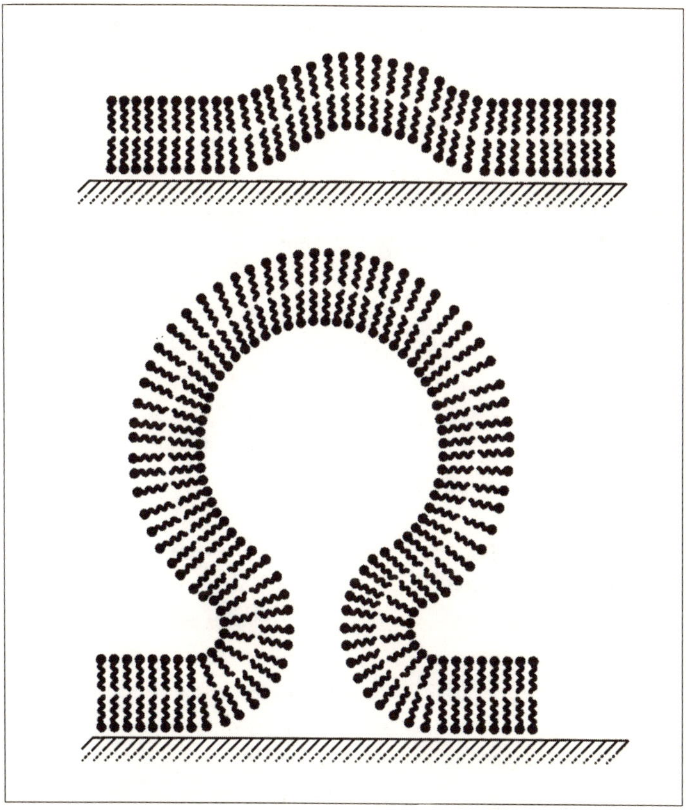

Semizellen ermöglichen den Übergang von der Oberflächenchemie zur Zellchemie.

aussagen ermöglichen, die im Experiment bewiesen werden können. Die ESW-Theorie ist damit eine überzeugende Theorie zum Lebensursprung.

Die ersten Lebewesen waren nach der Vorstellung der ESW keine selbst-replizierenden Systeme, sondern Stoffwechselreaktionen (Metaboliten), die einer konzeptionell neuartigen Form der Selektion (Auswahl) im einfachsten und wörtlichen Sinne unterliegen. Selektion bedeutet hier nicht Wiedererscheinen in der nächsten Generation nach erfolgter Replikation, sondern die schiere Weiterexistenz mit der Möglichkeit, das chemische Repertoire zu erweitern. Wer den Anforderungen der ESW nicht genügt, wird abgewaschen und weggespült: Der Kampf ums Überleben von kleinen Molekülen, die alles andere als belebt, ja zum Teil nicht einmal organisch sind. Im Szenario der ESW findet nicht nur der Übergang von der unbelebten zu einer belebten Welt statt, sondern zunächst auch der Übergang von der anorganischen zur organischen Chemie.

Nach der Theorie von Wächtershäuser entstand die erste Zellhülle, nachdem aus den chemischen Reaktionen an einer mineralischen Oberfläche die ersten lang gestreckten amphipathischen Moleküle entstanden waren. Sie bildeten zunächst eine »Fettschicht« auf den Mineralien, aus denen sich dann die ersten Semizellen und später die ersten Zellen formten.

Ein noch unscheinbares Nebenprodukt der Bemühungen um eine solche evolutionäre Biochemie könnte die Neuordnung des Stoffes der Chemie sein. Seit Aristoteles ist es Teil des wissenschaftlichen Unternehmens, die belebte Welt zu klassifizieren. Mit dem schwedischen Naturforscher Carl von Linné (1707–1778) verbinden wir den Versuch, in der gesamten Tier- und Pflanzenwelt durch Klassifikation die natürliche göttliche Ordnung zu entdecken. Dieser Versuch ist seither zweimal revolutioniert und objektiviert worden. Zunächst durch die Evolutionstheorie im 19. Jahrhundert, die darauf verweist, dass es eine natürlich(er)e Ordnung der belebten Dinge geben könnte, und dann durch die genomischen Sequenzierbemühungen des 20. und 21. Jahrhunderts. Das Programm einer evolutionären Biochemie dehnt die Suche nach einer objektiven Klassifikation über den Bereich der selbst-replizierenden Systeme hinaus aus. Vielleicht sind in einigen Dekaden unsere Chemie- und Biochemiebücher nach den metabolischen Möglichkeiten der präbiotischen (Bio-)Chemie organisiert.

ZELLEN

Nukleinisten, Proteinisten und Metabolisten

Proteinartige Verbindungen sind unter präbiotischen Bedingungen einfacher herzustellen als Nukleinsäuren. Dabei spielt es keine Rolle, ob man einen heterotrophen Lebensursprung in einer Miller'schen Ursuppe oder die **Eisen-Schwefel-Welt** für wahrscheinlicher hält. In S. 81 den Experimenten zur präbiotischen Synthese entstehen in erster Linie Proteine oder deren Bestandteile, die Aminosäuren. DNA- oder RNA-Bausteine unter diesen Bedingungen herzustellen ist schwieriger, weil sie kompliziertere Moleküle sind.

Im Anschluss an das Miller-Experiment 1953 konnte man noch glauben, mit der Herstellung von Aminosäuren und Protein unter präbiotischen Bedingungen sei man dem Verständnis des Lebensursprungs einen Schritt näher gekommen. Durch die Entwicklung der Molekularbiologie seit den 50er Jahren und die Entdeckung der Ribozyme in den 80er Jahren wurde das Interesse auf die ersten selbst-replizierenden Systeme verschoben. In einer **RNA-Welt** kann Protein S. 92 nicht älter als RNA sein. Sonst müsste man annehmen, dass die RNA-Welt die Protein-Welt abgelöst und dann die Proteine wieder eingeführt hat. Das ist unwahrscheinlich. Der Streit zwischen Proteinisten und Nukleinisten wird zugunsten der Nukleinisten entschieden, wenn wir eine lebende Zelle auf das einfachste vermehrungsfähige System reduzieren. Fragen wir aber umgekehrt, welche chemischen Verbindungen sich unter den angenommenen Bedingungen der jungen Erde einfach erzeugen lassen, so gewinnen die Proteinisten.

Der Physiker Freeman Dyson hat 1985 versucht, die durch die DNA-Begeisterung und die RNA-Welt etwas in den Hintergrund gedrängten Proteine zu rehabilitieren und die Nukleinisten mit den Proteinisten zu versöhnen. Dyson wirft Schrödinger und Eigen vor, nur einseitig auf Replikation geschaut und dabei den Stoffwechsel vernachlässigt zu haben. Ohne Replikation gäbe es keinen Stoffwechsel und ohne Stoffwechsel keine Replikation. Er schlägt daher vor, dass es zwei Ursprünge des Lebens gegeben hat, einen Replikator aus der RNA-Welt und einen Protein-weltlichen Stoffwechsel (Metaboliten). Diese beiden Welten haben sich in einem Punkt miteinander vereint. Dyson verbindet die Idee der gleichzeitigen Entstehung von Nukleinsäure und Protein mit einem Computer-Vergleich: Proteine seien Hardware (Funktion), Nukleinsäuren die Software (Information). Beides könne nur gemeinsam miteinander entstanden sein.

Dyson begründet seine Idee als Mathematiker mit den Methoden Eigens. Aus biologischer Sicht ist sein Modell unwahrscheinlich. Das informationstragende replikative System hätte ja ausgerechnet den Stoffwechsel des Metaboliten kodieren müssen, und der Metabolit hätte ausgerechnet die Bausteine für den Replikator liefern müssen. Dysons Vorschlag enthält dennoch einen wichtigen Hinweis. Er kritisiert nämlich den »Bakteriophagenblick« auf die Zelle. Er wendet sich gegen die Auffassung, der Ursprung des Lebens sei der Ursprung der Replikation: Eigens Theorien seien eigentlich nur Theorien über den Ursprung der Replikation, nicht über den Ursprung des Lebens. *Genetische* Reproduktion (Replikation) ist nicht das Gleiche wie *metabolische* Vermehrung. Ein anaboler Stoffwechsel kann sich durchaus vermehren, indem er immer mehr Material assimiliert und sich ab einer gewissen Größe einfach teilt, ebenso wie eine Seifenblase kein Genom haben muss, um durch Abschnürung zwei Seifenblasen zu bilden. In modernen Zellen sind Wachstum, Replikation und die eigentliche Teilung der Zelle (Cytokinese) eng aneinander gekoppelt. Die Zellteilung darf erst stattfinden, wenn das genetische Material sich verdoppelt hat. Andererseits lohnt sich die Verdopplung des genetischen Materials erst, wenn die Zelle sich teilt.

Es gibt heute zwei Theorien zur Lebensentstehung, die einer wissenschaftlichen Prüfung standhalten können: die RNA-Welt und die

Eisen-Schwefel-Welt. Die **Eisen-Schwefel-Welt** ist ein überzeugendes Modell, wie die ersten *Stoffwechsel*reaktionen entstanden sein könnten. Die **RNA-Welt** postuliert ein RNA-artiges selbst-replizierendes System vor DNA und Protein. Beide Modelle sind theoretisch fundiert und passen zu unserem Wissen über den Stoffwechsel von heute lebenden Zellen. S. 81 S. 92

Die Eisen-Schwefel-Welt-Hypothese erklärt den autotrophen Ursprung des Lebens aus den chemischen und geophysikalischen Möglichkeiten einer abiotischen Chemie und der »Retrodiktion« bestehender Stoffwechselwege. Die RNA-Welt-Hypothese löst das Henne-oder-Ei-Problem der gleichzeitigen Entstehung von Information (DNA) und Funktion (Protein) auf elegante Weise, indem sie den unscheinbaren Dritten einbringt: die RNA. Weil in rezenten Zellen zahlreiche Hinweise auf die RNA-Welt zu finden sind und fast täglich neue entdeckt werden, ist die RNA-Welt eher ein *top-down*-Modell. DNA ist wahrscheinlich durch reverse Transkription entstanden. Proteine, die von RNA codiert werden, könnten aus Anhängseln (*tags*) der RNA-Welt hervorgegangen sein.

Heile Welt am Lebensursprung also? Leider nicht. Es ist wie bei einem Tunnelbau. Die Bohrungen von beiden Seiten sind schon weit vorgedrungen, aber der Durchbruch ist noch nicht geschafft. Ja, es ist nicht einmal klar, ob sich die beiden Bohrungen je treffen werden. In der Eisen-Schwefel-Welt entsteht Stoffwechsel, es gibt sogar Vermehrung durch autokatalytischen Stoffwechsel, aber es repliziert sich keine genetische Information. Gerade das hätten wir aber gern. In der RNA-Welt dagegen existiert ein Replikator, der aber chemisch viel zu kompliziert ist, um Produkt einer präbiotischen Chemie zu sein.

Eine Lösung dieses Problems wäre erreicht, wenn die Produkte der Eisen-Schwefel-Welt nicht Proteine, sondern Nukleinsäuren wären. Oder wenn es gelänge, eine Übergangsform der RNA zu finden, die zuverlässig Produkt einer Eisen-Schwefel-Welt sein könnte. Das dürfte das Forschungsprogramm der nächsten Jahre sein.

Die erste Zelle gab es nicht

Der Botaniker Carl von Linné begründete in der Mitte des 18. Jahrhunderts die Systematik oder Taxonomie der Lebewesen. Diese Teildisziplin der Biologie hat sich bis heute nicht ganz vom Bild verstaubter Museen, auf Nadeln aufgespießter Käfer und komplizierter lateinischer Tier- und Pflanzennamen befreien können. Zu Unrecht. Gesucht wird ein möglichst natürliches System zur Anordnung aller Arten von Lebewesen. Linné versuchte, die göttliche Ordnung der Organismen aufzudecken. Darwin führte in der Mitte des 19. Jahrhunderts die *gemeinsame Abstammung* als ein natürlicheres Prinzip zur Klassifikation ein. Seit der Mitte des 20. Jahrhundert ist man bei der Suche nach evolutionären Gemeinsamkeiten und Unterschieden nicht mehr auf die Außenansicht – den Phänotyp – der Lebewesen angewiesen.

Der Stammbaum des Lebens beruht heute auf dem Vergleich von Gensequenzen einzelner Proteine oder RNAs und seit den 90er Jahren auch auf dem Vergleich ganzer Genome. Je ähnlicher die Gene von zwei verschiedenen Organismen sind, desto mehr gemeinsame evolutionäre Vergangenheit haben sie. Umgekehrt sind die Gensequenzen umso verschiedener, je weiter der letzte gemeinsame Vorfahre von zwei Organismen zurückliegt. Carl Woese (*1928) verglich als Erster die Sequenzen der rRNA der kleinen Ribosomen-Untereinheiten von verschiedenen Organismen miteinander und bestätigte damit die Unterscheidung von Prokaryonten (Bakterien) und Eukaryonten, die sich damit nicht nur im Phänotyp, sondern ebenso im Genotyp ausdrückt. Als er allerdings 1977 einige Methan-erzeugende Prokaryonten untersuchte, erlebte er eine Überraschung. Die Zellen sahen zwar unter dem Mikroskop wie Bakterien aus, aber ihre Ribosomen glichen denen von Eukaryonten. Außerdem hatten sie eine Zellmembran, die weder der von Bakterien noch der von Eukaryonten entsprach. Mit diesen Lebewesen, die sowohl eukaryontische als auch bakterielle Eigenschaften haben, war eine neue Domäne auf der obersten Klassifikationsebene aller Lebewesen entdeckt: die **Archaea**. Die Einteilung aller Lebewesen in diese drei Hauptstämme hat sich seither als sinnvoll erwiesen. Der universelle Stammbaum gliedert sich in die drei Hauptstränge Bakterien, Archaea und Eukaryonten. S. 99

Wenn man den Stammbaum des Lebens vor die Aufspaltung in die drei Domänen zurückverfolgt, bis an seinen Ursprung, dann müsste man eigentlich zu der ersten Zelle gelangen, zur Urzelle. Es müsste die Zelle sein, von der alle Zellen abstammen, der erste gemeinsame Vorfahre. Doch diese Vorstellung ist wahrscheinlich falsch.

Über die gemeinsamen Vorfahren der drei Domänen ist wenig bekannt, aber auch nach der Auftrennung in Bakterien, Eukaryonten und Archaea herrscht alles andere als Ordnung. Viele Gene, zum Teil aus den zentralen Bereichen des Stoffwechsels, tauchen im Stammbaum an anderer Stelle scheinbar plötzlich wieder auf, zum Beispiel die Gene für Aminoacyl-tRNA-Synthetasen, die Enzyme, welche die tRNAs mit Aminosäuren beladen.

Die einzige Erklärung dafür ist, dass die frühen Einzeller Gene untereinander ausgetauscht haben. Im Unterschied zur Weitergabe von Genen in die nächste Generation (vertikalem Gentransfer) spricht man hier von horizontalem Gentransfer (HGT). Dieser HGT findet auch heute noch statt, zum Beispiel beim Bakterien-**Sex**. Aber dabei werden nicht mehr, wie vor ein paar Milliarden Jahren, zentrale Zellbestandteile wie für die Transkription, Translation oder **Photosynthese** ausgetauscht. Im Laufe der Evolutionsgeschichte nimmt die Bedeutung von HGT kontinuierlich ab, weil Zellen komplizierter werden und Fremd-DNA zunehmend schlechter in den eigenen Stoffwechsel integrieren können. S. 108 S. 101

Die ersten Zellen haben also vermutlich in einer Gemeinschaft gelebt und Gene und auch Nährstoffe ausgetauscht. Der Stammbaum des Lebens beginnt nicht mit einem einzigen Strang, sondern mit ei-

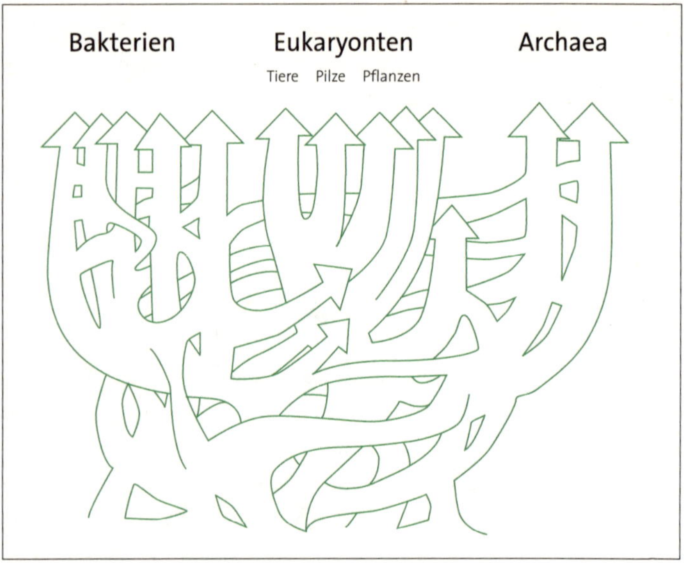

Die Urzelle gab es nicht. Ein Netzwerk von Zell-Zell-Wechselwirkungen stand am Beginn des zellulären Lebens.

nem Geflecht. Klare genealogische Abfolgen lassen sich am Anfang nicht identifizieren. Die Vorstellung *einer* Urzelle als der Vorläufer aller Zellen ist durch Extrapolation des Darwin'schen Evolutionsprinzips entstanden, aber auch, weil wir die Zelle als Grundbaustein des Lebens auffassen. Die Biologie wurde durch diese Erkenntnis stimulierende Vorstellung revolutioniert, aber die Wechselwirkung von Zellen wurde damit als etwas Sekundäres aufgefasst, als ob zuerst einzelne Zellen entstanden wären, die im Laufe der Evolution gelernt hätten, mit anderen Zellen zu kommunizieren. Tatsächlich dürfte es Kommunikation von Zellen untereinander seit deren Herausbildung immer schon gegeben haben. Interzelluläre Kommunikation ermöglicht Arbeitsteilung und die Entstehung verschiedener Zellen (Differenzierung). Dabei darf man nicht vergessen, dass mit der Entstehung von komplexeren Lebewesen auch die entgegengesetzte Tendenz ein Trend in der Evolution ist: die Behauptung der eigenen Selbständigkeit und der Schutz vor Einflüssen von außen (**Komplexität und Fortschritt**). S. 90

Die Gemeinschaft der Urzellen oder die Bestandteile eines Organismus lassen sich mit einem Ameisenstaat vergleichen. Man kann einen Ameisenhaufen als einen Organismus auffassen, dessen Subpopulationen wie Organe seines Körpers agieren. Oder man versucht, den Ameisenhaufen aus der Interaktion von einzelnen *Ameisen* zu verstehen. Beide Ansätze werden der Wirklichkeit nicht ganz gerecht. Der eine ist »zu holistisch«, will das Ganze sehen und versteht die Teile nicht. Der zweite ist zu reduktionistisch und übersieht, in welch extremen Maße die einzelnen Teile koevolviert sind.

Die Hinzugewinnung einer neuen zellulären Funktion ist aus Sicht des egoistischen Gens der Versuch, einen fitteren Organismus zu machen und damit den eigenen Replikatorstatus zu sichern. Man kann sich diese Phase der Evolution wie eine Ursuppe von Systemen vorstellen, für die noch nicht entschieden ist, ob sie Zellen oder Viren sind. Darwin hat gut daran getan, seinen Stammbaum nach unten offen zu zeichnen.

Die Zelle in der Zelle

Aus der Gemeinschaft der Urzellen gingen vor zwei bis drei Milliarden Jahren die Bakterien, **Archaea** und Eukaryonten als die ersten klar erkennbaren Abstammungslinien hervor. Zu den Eukaryonten gehören Pflanzen und Tiere und schließlich auch der Mensch. Wie bei der Entdeckung der Zelle selbst, hat bei der Unterscheidung von Bakterien und Eukaryonten zunächst der Blick ins Mikroskop die entscheidende Rolle gespielt. Bakterien weisen – mikroskopisch gesehen – keine besondere innere Struktur auf, während Eukaryonten einen richtigen Zellkern (eukaryon) und weitere innerzelluläre Kom- S. 99

partimente (Organellen) enthalten, zu denen auch die Mitochondrien und Chloroplasten zählen.

Bereits am Ende des 19. Jahrhunderts vermutete der Botaniker Andreas Schimper, dass einige der Organellen Symbionten sind, also Zellen, die irgendwann einmal selbständig waren und dauerhaft und zu beiderseitigem Nutzen den Weg in eine andere Zelle gefunden haben. Konstantin Mereschkovski formulierte diese Endosymbiontentheorie im Jahre 1905. Heute ist es unbestritten, dass eukaryontische Zellen durch Endosymbiose, also durch Aufnahme einer Zelle durch eine andere entstanden sind. Mitochondrien und Chloroplasten sind Endosymbionten. Unklar blieb aber, welche Zellen da vor über zwei Milliarden Jahren zueinander gefunden haben und welchen gegenseitigen Nutzen sie voneinander hatten.

Nach einer von Christian de Duve popularisierten Hypothese sind Endosymbionten zunächst von bakterienfressenden Zellen als Nahrung aufgenommen, aber dann nicht verdaut und in der Folge in den Zellstoffwechsel eingebaut worden. Die Vorstellung, Endosymbionten seien Zellen gewesen, die zu viel ATP produzierten, sodass sie die Wirtszellen daran teilhaben lassen konnten, ist ebenfalls verbreitet. Am überzeugendsten ist aber die Vorstellung, dass der (werdende) Endosymbiont der Wirtszelle seine Ausscheidungsprodukte Wasserstoff (H_2) und Kohlendioxid (CO_2) zur Verfügung stellte. So entstand ein Handel mit Nährstoffen, zunächst unter Nachbarn in der Zellgemeinschaft und dann innerhalb der Wirtszelle, was die Kontaktfläche zwischen der Gast- und der Wirtszelle vergrößerte. Ein großer Teil des Genoms der endosymbiotischen Organellen ist inzwischen in das Genom der Wirtszelle übergegangen. Mitochondrien und Chloroplasten haben aber immer noch ein eigenes Genom. Ein Teil der DNA-, RNA- und Proteinsynthesemaschinerie ist in den Organellen auch erhalten. Der Wirt ist von der Stoffwechselleistung seiner Gäste abhängig geworden, die Gäste vom differenzierten genetischen Apparat des Wirts.

Nicht alle innerzellulären Organellen von Eukaryonten sind durch Endosymbiose entstanden. Das Lysosom zum Beispiel ist das Verdauungsorganell in der Zelle. Im Lysosom werden Makromoleküle wie Kohlenhydrate oder Proteine abgebaut, die entweder aus anderen Kompartimenten der Zelle kommen oder von außen aufgenommen wurden. Lysosomen stellen topologisch und funktionell ein Stück Außenwelt in der Zelle dar. Im Unterschied dazu scheiden Bakterienzellen Verdauungsenzyme über die Außenmembran aus, über die sie dann aber weniger Kontrolle haben.

In Bakterien sitzt ein Teil der Ribosomen an der Zellmembran. Daher können manche frisch synthetisierte Proteine direkt nach außen abgegeben werden. Solche Proteine sind ein Teil der Zellwand oder sie dienen der Vorverdauung von Stoffen in der Umgebung. Eukaryonten haben keine Zellwand. Bei ihnen befindet sich ein Teil der Ribosomen an einem inneren Membransystem, dem endoplasmatischen Retikulum (ER). Proteine werden in das ER sekretiert und dann in Transportvesikeln, die mit der Zellmembran fusionieren, nach außen geschafft. Eukaryonten haben die prokaryontische Außenwelt internalisiert. Es ist ein auffälliger Trend der Evolution, die Außenwelt nach innen zu holen, wo man sie besser kontrollieren kann.

Ein Ring statt vieler Bäume

Seit Darwin ist es üblich, evolutionäre Abstammungen als Stammbaum darzustellen (Abb. S. 20). Ein evolutionärer Stammbaum wächst gewissermaßen von der Vergangenheit in die Zukunft. An Verzweigungen spalten sich Arten auf, und es entstehen neue Arten. Nicht alle Zweige reichen bis in die Gegenwart, da Arten aussterben können.

In den beiden vorausgehenden Kapiteln haben wir zwei Faktoren aus der frühen Phase der Evolution kennen gelernt, die das Zeichnen eines Stammbaumes erschweren: horizontalen Gentransfer (HGT),

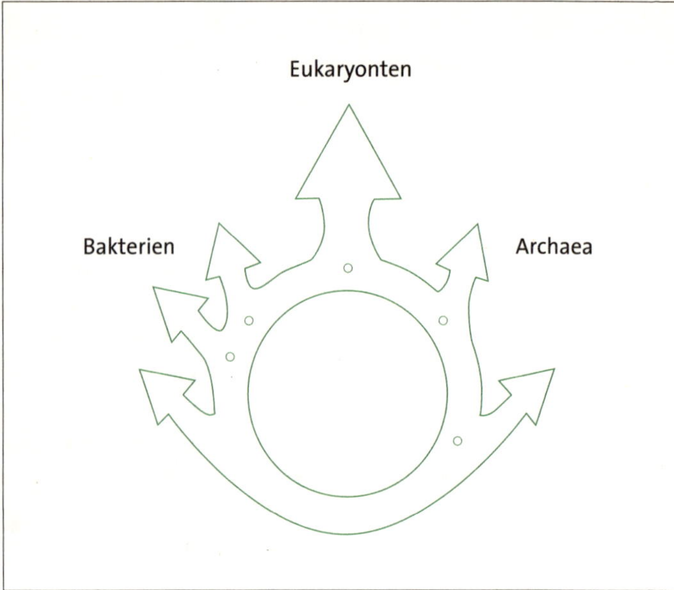

Die Evolution der Eukaryonten lässt sich mit einem Ring besser als mit einem Stammbaum beschreiben.

also den Austausch von einzelnen Genen untereinander, und Endosymbiose, das »Einwanderen« von Zellen in andere Zellen. Beides führt dazu, dass Stammbäume sehr unübersichtlich werden. Es gibt plötzlich Äste, die mit anderen verschmelzen und sich als ein einziger Ast fortsetzen (Abb. S. 68).

Wenn man die evolutionäre Geschichte eines einzelnen Gens verwendet, um einen Stammbaum zu zeichnen, ergeben sich keine großen Probleme. Ein einzelnes Gen hat immer eine mehr oder weniger eindeutige Geschichte. Zum Beispiel wurde nur ein Gen für eine ribosomale RNA benutzt, um den ersten Stammbaum der drei Domänen zu zeichnen. Dabei stehen die **Archaea** zwischen den Bakterien und den Eukaryonten (Abb. S.100). Inzwischen ist es aber möglich, ganze

S.99

Genome von Vertretern der Bakterien, Archaea und Eukaryonten einer solchen Stammbaumanalyse zu unterziehen. Das Ergebnis dieser Analyse ist dann nicht mehr so eindeutig. Je nach dem welche Gene man zu einem Cluster zusammenfasst, erscheint jede der drei Domänen mit jeder anderen mal enger oder entfernter verwandt zu sein, sodass die Archaea nicht unbedingt die Mittelstellung einnehmen, wie in der ursprünglichen Sicht von Carl Woese.

Kürzlich wurde daraus die einzig mögliche Konsequenz gezogen: Die Verwandtschaft der drei Domänen des Lebens wurde nicht mehr als Baum, sondern als Ring dargestellt. Dieser Ring beschreibt die Entstehung von Eukaryonten als eine Vereinigung von (Eu)Bakterien mit Archaebakterien. Wahrscheinlich handelt es sich bei dieser Vereinigung um Endosymbiose, die auch zur Entstehung von Mitochondrien geführt hat. Seither haben sich alle drei Stränge unabhängig voneinander entwickelt.

Vom Einzeller zum Menschen

Vor zwei Milliarden Jahren war die Erde von Einzellern besiedelt. Diese Einzeller können die Energie der Sonne nutzen, werden von dem Sauerstoff, den sie selbst hervorgebracht haben, nicht gleich umgebracht und besitzen mit Mitochondrien eine moderne Form der Energiegewinnung. Das genetische Material ist in einem Zellkern organisiert, es gibt ein inneres Gerüst, das Cytoskelett, und innerzelluläre Transportsysteme. Dieser Einzeller hat eine Art, mit seinem genetischen Material umzugehen, die sich nicht grundsätzlich ändern wird. DNA wird repliziert für die Zellteilung, in RNA umgeschrieben, und die RNA wird an Ribosomen in Protein übersetzt.

Greifen wir fünf innovative Highlights aus der Zukunft dieses Einzellers, also aus den vergangen zwei Milliarden Jahren Evolutionsgeschichte heraus: die Mehrzelligkeit, die Keimbahn, **Sex**, das Altern S. 108
und die Evolution von Nervenzellen.

Die Entstehung von mehrzelligen Lebewesen ermöglichte die Spezialisierung von Zellen. Ein Mehrzeller kann sich differenzieren und so neue Lebensformen erschließen. In einem Mehrzeller muss nicht jede Zelle ein Allroundtalent sein. Für Mehrzelligkeit waren auf molekularer Ebenen drei Innovationen erforderlich. Zellen mussten aneinander haften. Es gibt Zelladhäsionsmoleküle, die das ermöglichen. Zellen mussten miteinander kommunizieren, um auszumachen, wer sich wie entwickelt. Das genetische Programm musste in den verschiedenen Zellen verschieden geregelt werden. Alle diese Innovationen waren nicht völlig neu. Auch Einzeller nehmen über Membranmoleküle Kontakt zu ihrer Außenwelt auf. Auch Einzeller kommunizieren miteinander. Sie erfahren zum Beispiel durch *Quorum Sensing*, ob sie gerade viele oder wenige sind. Und ein Gedächtnis in Form von Transkriptionsregulation ist im Leben eines Einzellers natürlich auch unabdingbar. Es gibt Übergangsformen zwischen Ein- und Mehrzellern. Der Schleimpilz Dictyostelium discoideum besteht aus einzelnen Zellen, die sich bei Nahrungsmangel zu einem Fruchtkörper zusammenfinden. Eine folgenreiche Spezialisierung der Mehrzeller ist die Auftrennung in Keimbahnzellen und Körperzellen, wie sie auf einfache Weise in der Alge Volvox carteri verwirklicht ist, die nach August Weismann (1834–1914) zunächst als Volvox weismannia bezeichnet wurde.

Dass auch das Altern evolviert ist, mag zunächst überraschen. Ein einzelliges Bakterium kann (fast) nicht altern. Altern ist eine Folge der Auftrennung in Keimbahn und somatische Zellen. Im Grunde ist Altern das Ergebnis einer evolutionären Abwägung zwischen diesen beiden Typen von Zellen. Die einem Lebwesen zur Verfügung stehende Energie und die Stabilität von biologischen Prozessen sind begrenzt. Jedes Lebewesen stellt einen evolvierten Kompromiss aus einer Investition in die Keimbahn und damit die Nachfahren und einer Investition in den eigenen Körper (Soma) dar. Diese Abwägung wird begrenzt von der Notwendigkeit, einerseits lebensfähige Nachkommen

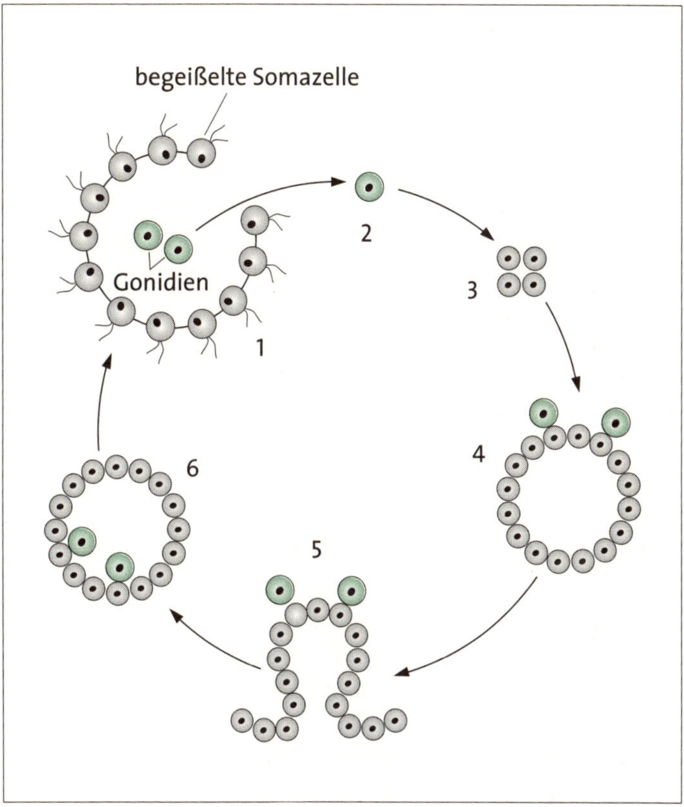

Im vegetativen Vermehrungszyklus der kugelförmigen Alge Volvox sterben die somatischen Zellen bei der Freisetzung der Gonidien ab (2). Volvox ist – je nach Sichtweise – eine Zellkolonie oder der erste Vielzeller.

hervorzubringen, andererseits den eigenen Körper zur Sorge für diese Nachkommen für eine gewisse Zeit zu erhalten. Altern ist die Folge dieses Kompromisses, da Anpassung nur schwach auf diejenigen Anteile des genetischen Programms wirkt, die erst *nach* der Reproduktion in Erscheinung treten, wie eben Alterungsprozesse.

Aus der Perspektive eines Bakteriums erscheinen von den 200 verschiedenen Zelltypen eines menschlichen Körpers die Nervenzellen als die ungewöhnlichsten. Nerven ermöglichen einem vielzelligen Individuum die Kommunikation zwischen den einzelnen Organen des Körpers. Gleichzeitig kann durch ein Nervensystem ein Organismus als Ganzes mit der Außenwelt in Kontakt treten. Das ist eine hochgradig integrierende Funktion. Als vor 600 Millionen Jahren die ersten Tiere mit Nervenzellen entstanden, wurden zwei zelluläre Grundprinzipien auf fantastische Weise miteinander kombiniert: elektrische Erregbarkeit und die Abgabe (Sekretion) von einfachen organischen Molekülen durch die Zellmembran.

Eine Nervenzelle reagiert auf Reize aus der Umgebung. Entlang der lang gezogenen Axone oder Dendriten einer Nervenzelle werden Impulse elektrisch weitergeleitet. Wird die Zelle erregt, so strömen für kurze Zeit Natriumionen in die Zelle. Die elektrische Spannung an der Membran ändert sich, das Nervensignal wird auf diese Weise entlang der Axone geleitet. Dann müssen die Ionen wieder zurückgepumpt werden. In der Zellwand befinden sich also Ionenkanäle und Ionenpumpen. An den Synapsen (Nervenenden) werden Signale von Zelle zu Zelle übertragen. Neurotransmitter werden abgegeben, indem sekretorische Membranvesikel mit der Zellmembran verschmelzen und den Inhalt in den synaptischen Spalt entlassen. An der Nachbarzelle finden sich Rezeptoren, die den Neurotransmitter binden und bewirken, dass sich wieder Ionenkanäle öffnen, sodass das Signal in der nächsten Zelle weitergeleitet wird.

Der Sekretion von Neurotransmittern liegt das gleiche molekulare Prinzip zu Grunde, nach dem zum Beispiel auch die Gallenflüssigkeit in den Darm abgegeben wird. Und es findet sich bereits bei den einfachsten einzelligen Eukaryonten wie zum Beispiel der Bäckerhefe. Selbst die Moleküle, die diese Sekretion bewirken, sind in der Evolution erhalten worden, sodass sie sich bei Hefe und Mensch finden und daher auch in dem gemeinsamen Vorläufer von Hefe und Mensch

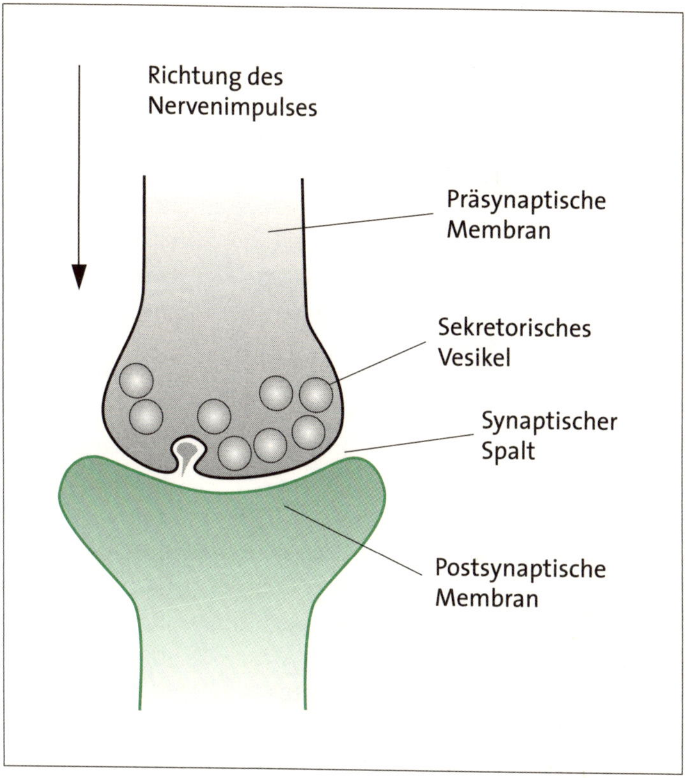

Die Übertragung von Nervenimpulsen beruht auf der gezielten Sekretion von Neurotransmittern in den Synaptischen Spalt.

vorhanden gewesen sein müssen. SNARE-Moleküle und AAA-Proteine bewirken, dass die sekretorischen Vesikel mit der Zellmembran fusionieren können. Bei Hefe ermöglichen diese Moleküle Ausscheidung und Nahrungsaufnahme, bei Nerven Kommunikation.

Die Ähnlichkeit der (Neuro-)Sekretion bei Hefe und Mensch ist eines von Tausenden von Beispielen von molekularen evolutionären Vorläufern, die sich bis in früheste Phasen der Evolution zurückverfolgen lassen. Es zeigt, wie kreativ und scheinbar virtuos in der Evolution Vorhandenes auf überraschende Weise umfunktioniert wird. Man kann an keiner Stelle zu Recht behaupten, dass etwas wirklich neu und vorher nicht schon in Andeutungen vorhanden gewesen wäre.

Mit der Entwicklung von Nervenzellen sind wir ungefähr dort angelangt, wo die meisten Evolutionsgeschichten überhaupt erst beginnen, im Kambrium vor circa 550 Millionen Jahren. Wir haben zuletzt viele wichtige Übergänge außer Acht gelassen: die Herausbildung von Orientierungs- und Fortbewegungssystemen zum Beispiel, oder die Entstehung von gegliederten Körpern und den ersten Strukturen, S. 106 die echte **Fossilien** hinterlassen können.

Für die Entwicklung des Lebens im Kambrium hat sich der unglückliche Begriff der »kambrischen *Explosion*« durchgesetzt, als ob das Leben zu dieser Zeit sich irgendwie schneller entwickelt hätte, nur weil man zum ersten Mal kein Mikroskop mehr brauchte, um Lebewesen zu beobachten. Die Milliarden vorausgegangener Jahre – und damit den größten Teil der biologischen Evolution – als eine Phase der *Stagnation* zu bezeichnen, zeugt von einem auf das Makroskopische und Anatomische fixierten Anthropozentrismus. Was ist denn in den vergangenen 550 Millionen Jahren noch passiert, nachdem stoffwechselnde und kompartimentierte mehrzellig in Gesellschaften organisierte Wesen entstanden waren, die auf Außenreize reagieren, miteinander kommunizieren, sich teilen und sich paaren können?

VERTIEFUNGEN

Die ersten Milliarden Jahre

Das Universum ist vor circa 13,7 Milliarden Jahren entstanden. Die Erde bildete sich vor 4,6 Milliarden Jahren. Die ältesten Gesteine sind vier Milliarden Jahre alt. So lange hat es gedauert, bis die Erde abgekühlt war und starke vulkanische Aktivitäten und Meteoriteneinschläge nachließen, sodass sich die Erdkruste festigen konnte.

Die ältesten Fossilien von Einzellern sind circa drei Milliarden Jahre alt. Damit bleibt ein Zeitfenster von einer Milliarde Jahre für die Entstehung der ersten Zellen, die also vor circa 3,5 Milliarden Jahren entstanden sein dürften. Vor 2,3 Milliarden Jahren stieg die Sauerstoffkonzentration in der Atmosphäre durch photosynthetische Bakterien. Zu dieser Zeit (vor 2,3 bis 1,8 Milliarden Jahren) dürften auch Mitochondrien entstanden sein.

Aus phylogenetischen Genvergleichen können wir abschätzen, dass sich die Wirbeltiere und die Gliederfüßer (Spinnen, Krebse, Insekten) vor circa einer Milliarde Jahren auftrennten. Pflanzen und Tiere trennten sich vor 1,6 Milliarden Jahren, und vor 2,3 Milliarden Jahren spalteten sich einige Algen von dem gemeinsamen Vorläufer von Pflanzen, Tieren und Pilzen ab. Durch weitere Extrapolation kann man schließen, dass es vor 2,5 Milliarden Jahren nicht mehr als zwei verschiedene Zelltypen gegeben hat.

ATP

ATP (Adenosintriphosphat) ist die Energiewährung jeder Zelle, die Form, in der Energie nutzbar gemacht wird. Es ist das Molekül, das entsteht, wenn Kohlenhydrate und Fette abgebaut werden, und das selbst »verbraucht« wird, wenn andere Biomoleküle aufgebaut wer-

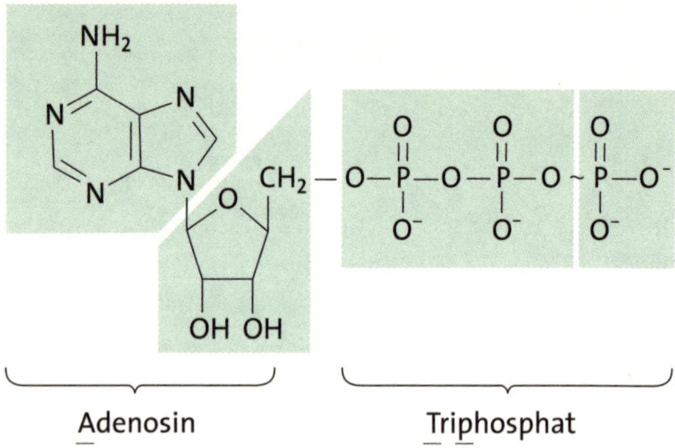

ATP ist die universelle Energiewährung jeder lebenden Zelle. Energie wird in den Bindungen der Phosphatgruppen gespeichert.

den, wenn Muskeln sich kontrahieren oder Ionen durch Zellmembranen gepumpt werden.

Erste Hinweise auf ATP fand der Chemiker Justus Liebig 1847 in dem berühmten nach ihm benannten Fleischextrakt. Hundert Jahre später waren Struktur und Funktionsweise von ATP bekannt. ATP besteht aus drei Teilen: der stickstoffhaltigen heterozyklischen Base Adenin, dem Zucker Ribose (Adenin und Ribose heißen Adenosin) und drei Phosphatgruppen. Der Chemiker Fritz Lipmann zeichnete zwischen die Phosphatgruppen eine Tilde »~«, um energiereiche Bindungen zu kennzeichnen. Beim »Verbrauch« von ATP wird eine dieser Phosphatbindungen unter Wassereinlagerung gespalten. Meist ist es die äußerste. Aus ATP entsteht dann energieärmeres ADP (Adenosindiphosphat). Umgekehrt muss beim Aufbau von ATP an das ADP ein Phosphat unter Energieverbrauch angehängt werden. Die eigentliche Reaktion findet also lediglich zwischen zwei Phosphaten statt. Ribose und Adenin sind nur der »Griff«, an denen die Zelle das

Phosphat besser festhalten kann. In einer frühen Phase der Evolution könnten einfachere Phosphatverbindungen die Rolle von ATP übernommen haben.

ATP wird in Mitochondrien von ATPasen hergestellt. ATPasen sind Enzyme in der Membran, die es ausnutzen, dass *in* den Mitochondrien mehr Protonen (Wasserstoffionen, H^+) sind als draußen. Für jeweils drei Protonen, die über die Membran passieren, stellen sie ein ATP her. Die Frage ist jetzt, wie die Protonen in die Mitochondrien gelangen. Sie werden von den Enzymen hineingepumpt, die den Nährstoffen die Elektronen wegnehmen und sie letztlich auf Sauerstoff übertragen (innere Atmung). Alle diese Enzyme befinden sich in der Mitochondrienmembran, die wegen ihrer starken Auffaltung eine so große Oberfläche hat, dass darin viele dieser Enzyme Platz finden. Die Mitochondrienmembran eines jeden Menschen ist 14000 Quadratmeter groß. Dabei misst ein einzelnes Mitochondrium nur ein tausendstel Millimeter. Jeder Mensch verbraucht und erneuert täglich sein eigenes Körpergewicht an ATP.

ATP ist nicht nur die universelle Energiewährung, sondern auch ein Grundbaustein von Nukleinsäuren (Abb. S. 41). In der DNA ist eine der beiden OH-Gruppen der Ribose reduziert (Desoxyribose), und anders als im ATP übernimmt hier das Adenin eine wichtige Rolle: es paart sich mit Thymin, so wie sich Guanin mit Cytosin paart (Abb. S. 48). ATP ist auch ein Grundbaustein von NAD(P)H (Nicotinamid-Adenin-Dinukleotid), dem universellen Reduktionsmittel in der Zelle. NADH und NADPH spielen als Überträger von reduziertem Wasserstoff (H^-) eine unverzichtbare Rolle bei der Energiegewinnung in Mitochondrien und bei vielen chemischen Synthesen in der Zelle.

Die Eisen-Schwefel-Welt

Nach Günther Wächtershäuser (*1938) entstand Leben auf der katalytischen, positiv geladenen Oberfläche von Eisen-Schwefel-Verbindungen wie Pyrit (FeS_2). Die chemischen Reaktionen der an diese Oberflächen gebundenen negativ geladenen Moleküle definierten das erste lebende System. Gleichzeitig stammte die Energie für diese Reaktionen aus der Eisen-Schwefel-Welt (ESW):

$$FeS + H_2S \rightarrow FeS_2 + H_2$$

Im Gegensatz zu einer echten membranumgebenen Zelle ist der Eisen-Schwefel-Organismus ein zweidimensionales System. Das hat mehrere Vorteile. Zunächst brauchen »Nährstoffe« wie Eisen (Fe^{2+}), Schwefelwasserstoff (H_2S) oder Kohlenmonoxid (CO) keine Membran zu durchqueren, um *an* den »Organismus« zu gelangen. Bindung an die Oberfläche allein entscheidet, wer dazugehört. Zweitens funktioniert die Chemie an Oberflächen besser. Zwei Stoffe, die miteinander reagieren können, finden auf einer mineralischen Oberfläche viel eher zueinander als in einer dreidimensionalen wässrigen Lösung wie dem Weltmeer.

Die Oberflächenchemie hat auch entropische Vorteile. Eine chemische Reaktion kann nach dem Zweiten Hauptsatz der Thermodynamik nur stattfinden, wenn die bei der Reaktion frei werdende Wärme (ΔH) kleiner ist als das Produkt aus der (in Kelvin gemessenen) Temperatur und der Entropieänderung ($\Delta H < T\,\Delta S$). Wenn sich an Oberflächen zwischen zwei Stoffen A und B eine neue chemische Bindung bildet und Produkte C an der Oberfläche gebunden bleiben, ist die Änderung Entropie ΔS nur gering, weil sich der Ordnungszustand nur wenig ändert. Daher ist $T\,\Delta S$ fast null, und die Reaktion findet spontan statt, wenn Wärme freigesetzt wird ($\Delta H < 0$). In einem dreidimensionalen Lösungsmittel wie Wasser ist das anders. Die anabole Reaktion $A + B \rightarrow C$ bedeutet eine große Entropieabnahme, weil ein Teilchen C einfach »ordentlicher« ist als *zwei*, die sich frei bewegen können. Daher muss ΔH sehr klein sein, das heißt bei der Reaktion muss viel Wärme abgegeben werden, damit sie überhaupt stattfin-

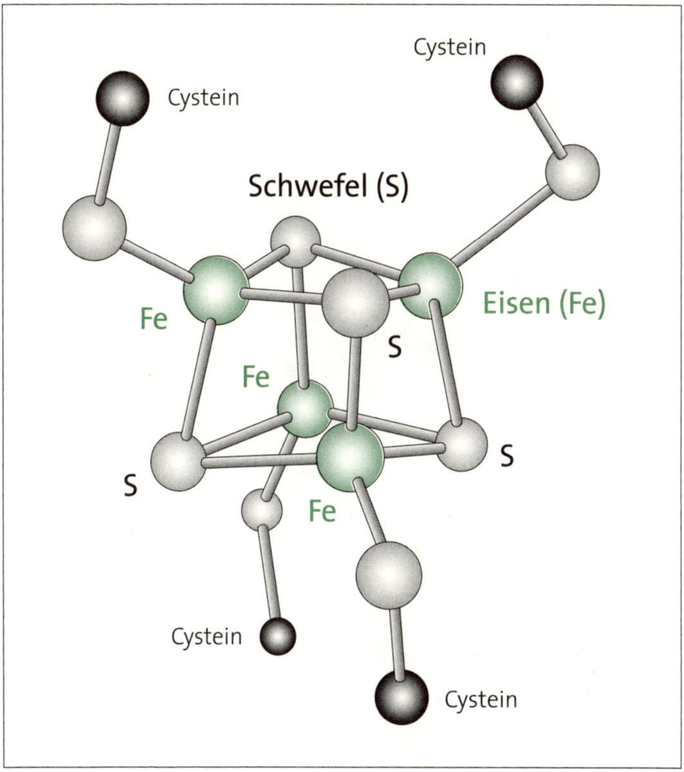

Eisen-Schwefel-Cluster eines rezenten Proteins. Katalytische Eisen-Schwefel-Verbindungen haben die Evolution des Lebens von ihren Anfängen bis heute begleitet.

det. Anabole Reaktionen wie Polymerisationen finden also eher an einer Oberfläche als in Lösung statt. Umgekehrt sind abbauende (katabole) Reaktionen in einer Lösung wahrscheinlicher. Das ist ein starkes Argument gegen Ursuppentheorien.

Es gibt somit biologische, kinetische und thermodynamische Argumente, die für eine präbiotische Oberflächenchemie sprechen. Es ist kein Transport durch eine Membran erforderlich, die chemischen

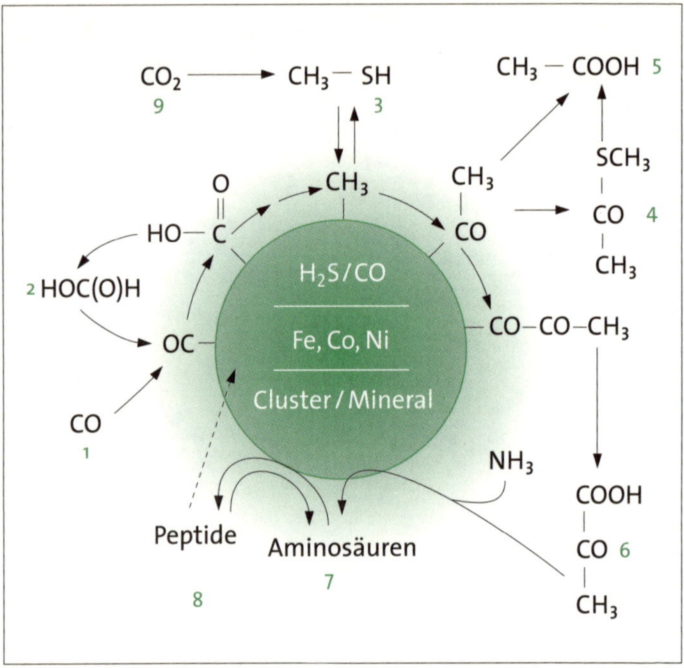

Chemische Reaktionen in der Eisen-Schwefel-Welt: Aus anorganischen Ausgangsverbindungen wie Kohlenmonoxid (1) und Kohlendioxid (9) können durch Schwefel/Metall-Katalyse Aminosäuren (7) und Peptide (8) entstehen. Pyruvat (6) ist ein wichtiges Stoffwechselzwischenprodukt.

Reaktionen sind schneller (Kinetik) und wahrscheinlicher (Thermodynamik). Wegen ihrer chemischen und thermodynamischen Eigenschaften fügt sich die ESW gut zu den Eigenschaften von hydrothermalen Vents.

Die ESW basiert auf der organometallischen Chemie von Nebengruppenelementen, also auf der Wechselwirkung und chemischen Reaktion von einfachen organischen Verbindungen mit Schwermetallen wie Mangan, Eisen, Cobalt oder Nickel. Diese Schwermetalle können, im Unterschied zu den Hauptgruppenelementen, in verschiedenen Oxidationsstufen vorliegen und spielen als Spurenelemente auch heute noch eine entscheidende Rolle im Stoffwechsel.

Die Theorie der ESW enthält Dutzende von chemischen Reaktionen, die aus den Stoffwechselreaktionen heutiger Zellen abgeleitet und in das Szenario der ESW projiziert wurden. Eine zentrale Reaktion der ESW ist die Kohlenstofffixierung, die Wächtershäuser mit Eisen- und Nickelsulfidkatalyse im Jahr 1997 durchführen konnte. Ein Jahr später gelang die Synthese von Peptiden unter den Bedingungen der ESW, und im Jahr 2000 stellte eine amerikanische Arbeitsgruppe das wichtige Stoffwechselzwischenprodukt Pyruvat (H_3C-CO-COOH) unter ESW-Bedingungen her. Mit diesem Experiment sind die einzelnen Schritte eines Reaktionsweges von Kohlenmonoxid bis zu einfachen Aminosäuren und Peptiden lückenlos nachvollzogen. Die Arbeitsgruppe von Wächtershäuser legte drei Jahre später noch nach und zeigte, wie auch katabole Reaktionen in vitro nachgestellt und die Peptide der ESW rezykliert werden können.

Die Biologie der vergangenen Jahrhunderte kann man mit François Jacob als die Eroberung der dritten Dimension auffassen. Die Biologie des 16. Jahrhunderts vor der Erfindung des Mikroskops war an die sichtbaren Oberflächen gebunden. Mit der Erforschung der Funktion und Struktur der Organe und der Zerlegung der Organe in Zellen gewinnt das Leben zunehmend an Plastizität. Zellen sind Kammern, deren Räumlichkeit sich im 20. Jahrhundert erschließt. Und auch der Zellsaft wird zergliedert und bekommt eine Struktur. Die Aufklärung der dreidimensionalen Struktur der DNA wird gefeiert als eine der größten und folgenreichsten wissenschaftlichen Leistungen des 20. Jahrhunderts. Wir hatten bisher nicht daran gedacht, auf der Suche nach dem Ursprung des Lebens die dritte Dimension wieder aufzugeben. So kann man verstehen, dass sich das Konzept eines ersten autotrophen Metaboliten in einer zweidimensionalen ESW nur langsam gegen die viel ältere Vorstellung einer weltmeererfüllenden Ursuppe durchsetzt.

Vents – ein heißer Ort für den Ursprung

Im Februar 1977 machten John Corliss und John Edmond mit einem neuartigen Unterwasserschiff in 2500 m Tiefe in der Nähe der Galapagos-Inseln eine sensationelle Entdeckung. Sie beobachteten zum ersten Mal schornsteinartige heiße Quellen am Meeresboden, die hydrothermalen Vents, die wegen der Farbe ihrer Ausstoßungen auch »Schwarze Schlote« (*black smokers*) genannt werden.

Die Expedition hatte sich zu einer Stelle begeben, an der sich der Ozeanboden aufspreizt (*sea floor spreading*). An diesen Dehnungszonen gelangt Magma aus der Tiefe des Erdmantels hervor und schiebt die Meeresplatten auseinander. Eindringendes Meerwasser wird von der Magma stark erhitzt und durch den Meeresboden zurückgedrückt. So entstehen Vents.

Das ausgestoßene Wasser ist um die 400°C und in Extremfällen bis zu 1200°C heiß. Da das umgebende Meerwasser nur circa 4°C kalt ist, bilden sich extreme Temperaturgradienten aus. Das ausströmende Wasser ist reich an Eisen und Schwefel, das sich in den Vents teilweise niederschlägt und so die schwarze Farbe hervorbringt. Unter den extremen Druck- und Temperaturverhältnissen können Kohlenmonoxid (CO), Kohlendioxid (CO_2) und Wasserstoff (H_2) entstehen und miteinander reagieren. Wegen ihrer Strömung stellen Vents einen chemischen Durchflussreaktor dar.

Leben könnte in der Nähe von submarinen Vents entstanden sein. Sie sind das perfekte Szenario für den autotrophen Lebensursprung in einer Eisen-Schwefel-Welt, da sie reich an katalytischen Schwermetall-Oberflächen sind, an denen die ersten Kohlenstoffgerüste entstanden sein könnten. Der Kohlenstoff bräuchte nicht den Umweg über die Uratmosphäre gegangen sein. Unter Wasser könnte die Urpizza ihren ersten Belag bekommen haben.

Vents passen nicht nur zu einem präbiotischen Stoffwechsel, sondern auch zu den tatsächlich lebenden »ältesten« Mikroorganismen,

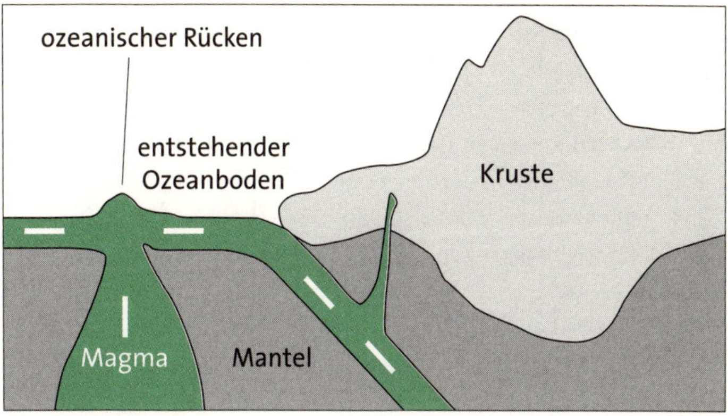

Entstehung von Vents (hydrothermalen Unterwasserquellen) am Meeresboden

den **Archaea**, zu denen extremophile Einzeller zählen, die Bedingungen ertragen, ja sogar erfordern, wie sie am Rande von Vents herrschen: Sauerstofflosigkeit und hohe Temperaturen. Tatsächlich siedeln Archaea am Rande von hydrothermalen Quellen, unter Wasser und an Land (Geysire). S. 99

Solche Quellen wären ein idealer Ort für den Ursprung des Lebens, wenn nicht Stanley Miller persönlich sie als hot-spots der präbiotischen Chemie ablehnen würde. Sie seien zu heiß für die ersten Moleküle, weil Nukleotide bereits bei 100°C nicht mehr stabil sind. Allerdings sind die hydrothermalen Quellen ja nur im Zentrum so heiß, und mit zunehmender Entfernung lässt sich jede Temperatur zwischen 400°C und 4°C finden. Zudem waren Nukleotide wahrscheinlich nicht die ersten Biomoleküle.

Viren: Modell und Handwerkszeug

Zur unbelebten anorganischen Welt gehören Viren sicher nicht. Aber *lebendig* kann man sie auch nicht nennen. Viren sind eine faszinierende Zwischenstufe des Lebens. Sie können sich nur vermehren, indem sie lebende Zellen befallen. Im einfachsten Fall bestehen sie aus einem Stück DNA oder RNA, auf dem ein für die Virenvermehrung notwendiges Enzym kodiert ist. Komplexere Viren tragen in einer Membranhülle oder in einem Proteinkäfig zusätzlich noch Enzyme, die ihnen bei der Vermehrung helfen. Solche Viren sind wie Zellen, denen ein eigener Stoffwechsel fehlt. Sie sind nicht nur Krankheitserreger, sondern auch ein wichtiges Modellsystem der Molekularbiologie und für die Entstehung des Lebens.

Bei einer Virusinfektion gelangt das genetische Material des Virus in die Zelle und benutzt die zelluläre Vervielfältigungsmaschinerie. Ein RNA-Virus kann von der Zelle für zelleigene mRNA gehalten werden, sodass die Zelle die Proteine des Virus herstellt. Ein DNA-Virus kann seine eigene Replikase mitbringen oder sich in das Genom der Zelle einbauen. Besonders trickreich erscheinen Retroviren. Sie bestehen aus RNA, die eine Reverse Transkriptase kodiert, welche die RNA in DNA umschreibt, die darauf in das Genom der Wirtszelle eingebaut wird.

Die Vorstellung von Haldane und anderen, die ersten Lebewesen seien Viren gewesen, steckt implizit in vielen Modellen zur Lebensentstehung. Viren kann man als erfolgreiche Gene auffassen, die das Primat der Replikation auf perfekte Weise verkörpern. Viren könnten evolutionäres Überbleibsel der präbiotischen RNA-Welt sein, RNA-Stücke, die so erfolgreich waren, dass sie es gar nicht nötig hatten, zu Zellen zu evolvieren, sondern sich an das entstehende zelluläre Leben angepasst haben, indem sie zu Parasiten geworden sind.

Viren könnten sich aber auch durch Vereinfachung aus Zellen entwickelt haben. Danach wären sie degenerierte Zellen, die so sehr abgespeckt wurden, bis sie nur noch das bei sich tragen, was sie zur Vermehrung ihres eigenen genetischen Materials brauchen. Insofern ähneln Viren den Endosymbionten, die auch mehr und mehr von ihren Wirtszellen abhängig geworden sind. Endo*symbiontische* Organellen verzichten auf ein Teil ihres Genoms und leisten unverzicht-

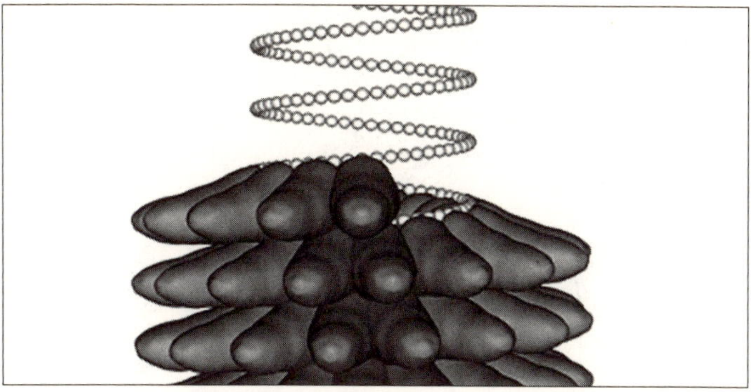

Das Tabak-Mosaikvirus (TMV) ist eine RNA-Spirale, die von Proteinen umgeben ist.

bare Dienste in der Wirtszelle. Viren nutzen den Energiestoffwechsel des Wirtes und auch dessen Replikationsapparat zur Vermehrung des eigenen Genoms. Viren sind also parasitäre Genome. Es gibt zahlreiche Zwischenformen einer derartigen Entwicklung, die diese Ansicht stützen.

Nach einer weiteren Theorie zur zellulären Entstehung von Viren sind sie Gene, die sich verselbständigt haben und dabei ein kleines Stück von der Zelle, ein paar Gene und Proteine, mitgenommen haben: Viren als geflüchtete Gene. Sinnvollerweise musste dieses entkommene Gen Informationen tragen, die der eigenen Vermehrung nützten, also zum Beispiel eine Replikase kodieren oder im Fall von RNA-Viren eine **Reverse Transkriptase**. Für diese Theorie spricht, dass S. 92 es in allen Genomen springende Gene oder Transposons gibt, die sich in den Genomen bewegen können.

Diese drei Modelle zur Entstehung von Viren widersprechen einander nicht. Viren haben sich aus komplexeren Zellen durch Anpassung entwickelt, *und* sie sind Nachkommen einer mehrere Milliarden Jahre alten RNA-Welt. Viren sind ein faszinierendes Kapitel in der Molekular- und Evolutionsbiologie, weil sie das Prinzip des egoistischen Gens am klarsten verdeutlichen.

Das Tabakmosaikvirus (TMV) befällt Tabakpflanzen und erzeugt mosaikförmige Schädigungen der Blätter. Es ist 0,3 Mikrometer lang und besteht aus RNA, die zu einer Spirale aufgewunden und von einer Hülle aus ungefähr 2200 Proteinen umgeben ist, die direkt an die RNA binden. Im Jahr 1955 gelang es, ein funktionierendes TMV aus RNA und gereinigtem Protein zusammenzusetzen. Das erregte Aufsehen und erweckte den Eindruck, im Reagenzglas sei Leben entstanden. Der Selbstzusammenbau (self assembly) des TMV wurde zum Modell für Selbstorganisation (self organisation) in biologischen Systemen.

In den 20er Jahren untersuchte Félix d'Hérelle Viren, die Bakterien befallen. Man betrachtete diese Bakteriophagen zunächst als eine mögliche Waffe gegen bakteriell verursachte Erkrankungen. Ein Jahrzehnt später führten Salvador Luria und Max Delbrück Phagen als Modellsystem in die auf diese Weise begründete Molekularbiologie ein. Wie DNA in Zellen vermehrt und bearbeitet wird, wurde zunächst an Bakteriophagen untersucht.

Viren sind ein besonderer Fall von extra-chromosomaler DNA (oder RNA), zu der auch die für die Molekularbiologie unentbehrlichen Plasmide gehören. Plasmide sind keine Viren, aber ebenso wie diese Gen-Stücke, die in der Zelle vermehrt werden. Im Unterschied zu Viren nützen Plasmide ihrem bakteriellen Wirt, indem sie zum Beispiel Antibiotikaresistenzgene kodieren. Plasmide werden ähnlich wie Chromosomen vererbt. Die Grenze von extra-chromosomaler DNA zu Chromosomen ist ebenso fließend, wie die Grenzen des Lebens fließend sind.

Komplexität und Fortschritt

Nach einem seit Darwin geläufigen Missverständnis ist Evolution gleichbedeutend mit Fortschritt. Fortschritt ist aber eine eher subjektive Kategorie. Im Laufe der Stammesgeschichte hat die Komplexität der Lebewesen zugenommen. Komplexität ist die Anzahl der Möglichkeiten, mit denen einzelne Teile eines Systems miteinander in Wechselwirkung treten können. Die Genomgröße ist jedoch kein gutes Maß für die Komplexität eines Lebewesens, die Anzahl der Gene schon ein besseres. Ab einer gewissen Komplexität spielt aber nicht mehr die Anzahl, sondern die Art und Weise des Zusammenwirkens (Regulation) die Hauptrolle. In jeder Phase der Entwicklung hat es Übergänge gegeben, die mit einer Zunahme der Komplexität verbunden waren. Vom ersten sich selbst vermehrenden biochemischen System zum kernlosen Einzeller (Prokaryonten), zum Einzeller mit einem inneren Membransystem (Eukaryonten), zum Mehrzeller. Bei allen diesen Übergängen fand eine Komplexitätssteigerung statt, die es ermöglichte, in bisher ungenutzte ökologische Nischen einzudringen.

Weniger fällt dabei der Preis auf, mit dem diese Übergänge erkauft werden. Gene, die sich zusammenschließen, indem ein komplexeres Lebewesen entsteht, geraten in Abhängigkeit voneinander und können sich nicht mehr unabhängig voneinander vermehren. Das ist der Kern der Vorstellung vom egoistischen Gen. Der genetische Egoismus ist so groß, dass er die Bildung von immer neuen Formen der Interaktionen und damit letztlich von Gesellschaften nach sich zieht. Alle Übergänge in der Evolution sind eine Abwägung von neuen Möglichkeiten (dank höherer Komplexität) gegen eine durch Zwang zur Kooperation eingeschränkte individuelle Freiheit. Etwas teleologisch spricht man auch von *evolutionären Strategien*. Dagegen betont der Begriff der *Emergenz* einseitig das Neue und vernebelt damit eher die Ursachen eines evolutionären Übergangs.

Evolution hat kein Ziel. Aber es gibt die Tendenz zu immer komplexeren Systemen, die sich aus der Konkurrenz von immer effizienter werdenden Selbst-Replikatoren ergibt. Wie wir am Beispiel der **Viren** gesehen haben, können Replikatoren ihre Effizienz aber auch durch Vereinfachung steigern, sodass aus komplexen Systemen auch weni- S. 87

ger komplexe hervorgehen können. Das ist aber eher eine Seltenheit in der Evolution, weil eine Vereinfachung meist mit der Aufgabe von Schutzmechanismen verbunden ist, die sich nachteilig auswirken würde.

RNA-Welt und die Entstehung der Translation

Die von Francis Crick, Leslie Orgel und Carl Woese Ende der 60er Jahre zum ersten Mal formulierte RNA-Welt-Theorie besagt, dass die ersten selbst-replizierenden Organismen aus RNA bestanden. Hauptargument für die RNA-Welt ist die seit den 80er Jahren bekannte katalytische RNA (Ribozyme).

Aus der RNA-Welt-Theorie folgt, dass Proteine erst später zu vielseitigen zellulären Katalysatoren und DNA zum Träger der genetischen Information geworden sind. Die Übernahme der RNA durch die DNA ist nicht vollständig. Heute katalysieren RNA-Moleküle entscheidende chemische Reaktionen in der Zelle, allen voran die Bildung von Proteinen an Ribosomen.

Möglicherweise sind Introns ein weiteres auffälliges Relikt aus der RNA-Welt. Ein großer Teil der RNA, die bei der Transkription entsteht, wird nicht in Protein übersetzt, sondern herausgeschnitten (gespleißt). Spleißen wird selbst von RNA katalysiert. Manche dieser RNA-Stücke, die nicht in Protein übersetzt werden, regulieren aber die Proteinsynthese, indem sie entweder die Translation oder die Stabilität von anderen RNAs beeinflussen. RNA ist ein Relikt aus der RNA-Welt, dessen sich die Zelle nicht entledigt hat, weil RNA strukturell vielfältiger als DNA ist. Außerdem ist sie das Material, mit dem Evolution experimentiert. Zwischen dem Genotyp und dem Phänotyp steht der Ribotyp. Reverse Transkription ist die Fixierung des Ribotyps als Genotyp.

Die RNA-Welt hat ein Problem: Die Monomere der RNA sind relativ kompliziert. Die vier RNA-Nukleotide bestehen je aus einer heterozyklischen Base, dem Zucker Ribose und einem Phosphat, das zur Ver-

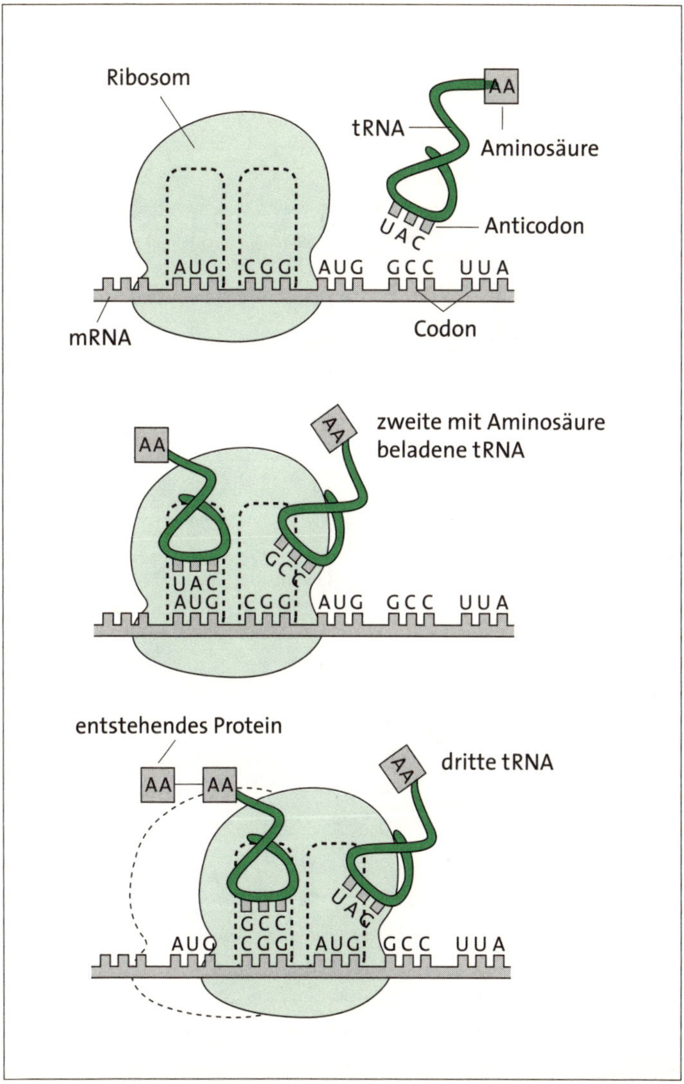

Bei der Translation am Ribosom werden Aminosäuren zu Proteinen verknüpft.

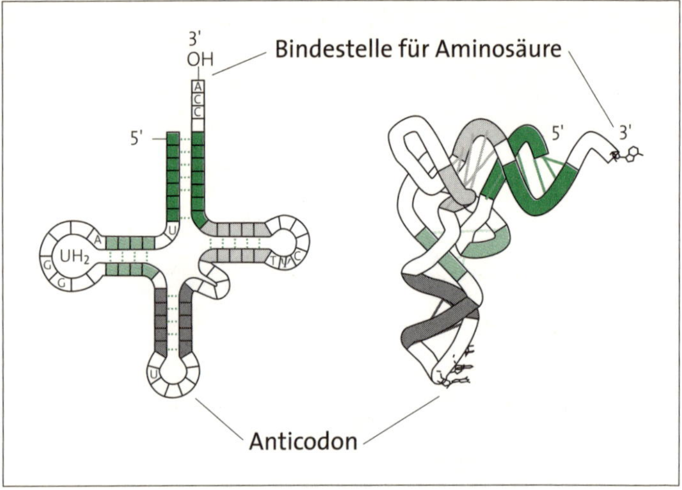

tRNA (transfer-RNA) ist ein Adapter in der Translation, der an die Codons der mRNA binden kann und die zugehörigen Aminosäuren trägt. Die Aminosäure ist eine der zahlreichen chemischen Modifikationen der tRNA.

knüpfung der RNA-Bindungen auch noch aktiviert werden muss (Siehe Abb. S. 41 und S. 80). Die Wahrscheinlichkeit, RNA-Monomere in der präbiotischen Suppe oder auf der präbiotischen Pizza zu finden, ist gleich null. Es gibt einige – sich gegenseitig nicht ausschließende – Vorschläge, wie eine einfachere RNA, der funktionelle Vorläufer der modernen RNA, ausgesehen haben könnte. Diese RNA könnte nur zwei Basen statt vier gehabt haben. Auch die Basen selbst könnten einfacher ausgesehen haben. Auch das Rückgrat dieser RNA könnte proteinartig und damit einfacher gewesen sein.

In der Translation wird RNA an Ribosomen in Protein übersetzt. Adaptermoleküle sind mit Aminosäuren beladen und bringen sie zur mRNA. Die Reihenfolge der Aminosäuren wird durch Codons auf der mRNA bestimmt. Das Adaptermolekül, das die Verbindung von mRNA und der entstehenden Proteinkette herstellt, besteht selbst aus RNA.

Es ist die Transfer-RNA oder tRNA. Die Aminosäure ist also ein kleines Anhängsel der tRNA.

Die Sequenz einer typischen tRNA besteht aus ungefähr 76 Nukleotiden. Die Sequenz einer Nukleinsäure oder eines Proteins bezeichnet man auch als Primärstruktur. Die Sekundärstruktur der tRNA ergibt sich aus der Basenpaarung einzelner Nukleotide innerhalb der Struktur. tRNA sieht aus wie ein Kleeblatt. Die zweidimensionale Sekundärstruktur wiederum faltet sich zu einer Tertiärstruktur, in der sich die linke und die rechte Seite des Kleeblattes so aneinander schieben, dass die tRNA in 3D eher wie ein »L« aussieht. An einem Ende der Struktur ist das Anticodon, das sich mit dem entsprechenden Codon auf der mRNA paart. Am anderen Ende der tRNA befindet sich die Aminosäure, die später auf die wachsende Proteinkette übertragen wird.

Stellen wir uns eine RNA-Welt vor, in der Genome aus RNA bestehen und es keine Translation gibt. In dieser Welt würde eine RNA, an die zufällig eine Aminosäure gekoppelt wird, von dieser unverhofften Begegnung profitieren. Sie könnte so ihre Fähigkeit verbessern, bestimmte Reaktionen zu katalysieren. Die Anhängsel könnten Hilfsfaktoren (Cofaktoren) der RNA-Welt werden. Der unmittelbare chemische Vorteil dieses Aminosäure-Anhängsels (*tag*) könnte darin bestehen, die negative Ladung der RNA durch die positive Ladung einer basischen Aminosäure auszugleichen. Solche *tags* könnten auch diejenigen RNA-Stücke markieren, die nicht repliziert werden sollen. Die Translation hat ihren Ursprung im Anhängen von Aminosäuren an RNA-Stücke.

Es ist in der Evolution ganz offensichtlich von Vorteil gewesen, Aminosäuren nicht nur als Anhängsel an andere Moleküle zu hängen, sondern sie zu Ketten zu verknüpfen. Bis heute hat sich in vielen Zellen eine Art der Proteinsynthese erhalten, die ohne Translation auskommt. Auf diese Weise können aber nur sehr wenige verschiedene Proteine entstehen.

Die tRNA ist Zeuge des Übergangs von der RNA-Welt zu einer RNA-Protein-Welt. Tatsächlich ist tRNA mehr als nur ein Adapter für die Herstellung von Proteinen. Auch für die Vermehrung des genetischen Materials durch *Replikation* wird tRNA benötigt, zum Beispiel bei RNA-Viren wie Retroviren oder für Telomere oder die Mitochondrien-DNA von Pilzen. Die Rolle von tRNA in der Replikation könnte sich auf dem Weg von RNA- zu DNA-Genomen erhalten haben. Es könnte sich um die ältesten von informationstragenden Biopolymeren kodierten Funktionen handeln.

Telomerase ist eine Reverse Transkriptase (RT). Sie enthält RNA, die in DNA umkopiert wird. Telomerase ist keine *universelle* Transkriptase, sie kann nur die eigene eingebaute RNA in DNA umschreiben. Da sie nur sich und sonst nichts transkribiert, erfüllt sie die Minimalanforderungen, die man an das erste Gen stellt: Selbstreplikation. Es ist anzunehmen, dass die ersten Replikasen nicht universell gewesen sind, das heißt sie konnten nicht jedes Gen, sondern nur sich selbst replizieren. Die Replikase des Enten-Hepatitis-B-Virus zum Beispiel kann nur ihre eigene, aber keine fremde RNA replizieren. Es gibt also Replikasen, die eine Mittelstellung zwischen einer universellen Replikase und der sehr beschränkten Telomerase einnehmen.

Auch wenn die Translation heute ein komplizierter und genau regulierter Vorgang ist, hat sie vermutlich mit einer simplen chemischen Modifikation einer RNA begonnen, die der Vorläufer der tRNA war. Offensichtlich sind auch die heutigen tRNAs Lieblingsziel von chemischen Modifikationen: Jede zehnte Base der tRNA ist chemisch verändert.

Evolution des genetischen Codes

Fast allen biologischen Prozessen liegt die Übersetzung (Translation) von Nukleinsäureketten in Protein zugrunde. Der genetische Code bestimmt die Zuordnung von jeweils drei Nukleotiden der DNA oder

erste Position	zweite Position des Codons				dritte Position
U	Phe	Ser	Tyr	Cys	U
	Phe	Ser	Tyr	Cys	C
	Leu	Ser	STOP	STOP	A
	Leu	Ser	STOP	Trp	G
C	Leu	Pro	His	Arg	U
	Leu	Pro	His	Arg	C
	Leu	Pro	Gln	Arg	A
	Leu	Pro	Gln	Arg	G
A	Ile	Thr	Asn	Ser	U
	Ile	Thr	Asn	Ser	C
	Ile	Thr	Lys	Arg	A
	Met	Thr	Lys	Arg	G
G	Val	Ala	Asp	Gly	U
	Val	Ala	Asp	Gly	C
	Val	Ala	Glu	Gly	A
	Val	Ala	Glu	Gly	G

Der universelle genetische Code ordnet Basentripletts (Codons) Aminosäuren zu: Die mRNA-Codons UGU und UGC kodieren zum Beispiel die Aminosäure Cystein.

mRNA zu den Aminosäuren des Proteins. Zum Beispiel bewirkt GGA den Einbau von Glycin in die Aminosäurekette. Beim Betrachten der Zuordnungstabelle fällt auf, dass manche Aminosäuren von nur einem Codon kodiert werden. Andere Aminosäuren hingegen können von bis zu sechs Codons für den Einbau in Proteine bestimmt werden. Zum Beispiel steht nur UGG für die Aminosäure Tryptophan, während alle vier Codons GCX mit einer beliebigen Base X Alanin kodieren.

Mutationen, welche die dritte Base im Codon von Alanin verändern, verhindern also nicht, dass weiterhin Alanin in das Protein eingebaut wird. Eine Mutation der dritten Position des Tryptophan-Codons hingegen würde bewirken, dass eine andere Aminosäure in das

Protein eingebaut oder die Synthese des Proteins abgebrochen wird. Alanin besitzt also einen gewissen Schutz vor Mutationen, Tryptophan nicht. Und das ist auch gut so. Denn Alanin ist eine häufigere Aminosäure als Tryptophan, und somit sind die Codons für Alanin eher das Ziel von Mutationen.

Der Schutz vor schädlichen Mutationen geht noch weiter. Selbst wenn sich durch Mutation eine Aminosäure ändert, muss das keine fatalen Folgen haben. Mutiert zum Beispiel das Codon CUC zu AUC, so wird Leucin durch Isoleucin ersetzt. Beides sind hydrophobe Aminosäuren, so dass das entstehende Protein möglicherweise trotzdem noch funktioniert. Der genetische Code ist also so »angelegt«, dass bei einer Mutation mit einer gewissen Wahrscheinlichkeit ähnliche Aminosäuren untereinander ausgetauscht werden.

Wenn man in einer Computersimulation den genetischen Code so verändert, dass andere Codons andere Aminsäuren bestimmen, dann ist nur einer von einer Million dieser zufälligen genetischen Codes besser als der existierende. Alle andern Codes sind anfälliger für Mutationen. Heute ist der genetische Code »eingefroren«, das heißt Veränderungen sind nicht mehr möglich, da sie mit Sicherheit keine vorteilhaften Auswirkungen auf komplexe Organismen haben könnten. Der genetische Code ist selbst das Ergebnis eines Anpassungsprozesses, und diese Anpassung muss stattgefunden haben, als es noch kein komplexes Leben gab, das auf dem Code aufbaute.

Der Vorläufer des genetischen Codes könnte aus zwei statt drei Basen gebildet worden sein, mit zweistelligen Codons, die also nur vier Aminosäuren bestimmen können. Nach einer anderen Idee konnten Ribosomen anfänglich nicht so gut zwischen den Aminosäuren unterscheiden. Die Evolution des Codes bestand nach dieser Auffassung nicht in erster Linie in einer Erweiterung der Möglichkeiten (mehr Basen, dreistellige Codons, mehr Aminosäuren), sondern in einer Reduktion der Ambivalenz, also in einer Spezialisierung der Zuordnung der Aminosäuren zu den Codons.

Archaea

Bis in die 1970er Jahre teilte man alle Lebewesen in zwei Gruppen (Domänen) ein: Eukaryonten und Prokaryonten. Eukaryonten, zu denen Tiere, Pflanzen und Pilze gehören, haben einen Zellkern, membranumschlossene Organellen wie Mitochondrien oder Chloroplasten und ein inneres Stützsystem (Cytoskelett). Die einzelligen Prokaryonten wurden im Wesentlichen durch die Abwesenheit dieser Eigenschaften definiert. Sie bilden immer noch eine heterogene Gruppe, zu der in erster Linie die Bakterien gehören. Prokaryonten unterscheiden sich untereinander mehr als Eukaryonten.

Im Jahr 1977 entdeckte Carl Woese (*1928), dass es unter den Prokaryonten Lebewesen gibt, die mit den Eukaryonten ebenso wenig gemein haben wie mit den Bakterien: die Archaea. Archaea ähneln in ihrer Transkription und Translation mehr den Eukaryonten, in ihrem Stoffwechsel mehr den Bakterien. In der Zellmembran haben sie Lipide, wie sie weder bei Bakterien noch bei Eukaryonten vorkommen. Daher war es gerechtfertigt, Archaea als dritte Domäne des Lebens gleichberechtigt neben die Bakterien und Eukaryonten zu stellen.

Die Archaea bereichern den Stammbaum des Lebens nicht nur um einen wurzelnahen Ast, sondern auch um einige sehr ungewöhnliche Eigenschaften. Die Entdeckung von Thermus aquaticus im Yellowstone Nationalpark zum Beispiel, war eine Sensation. Bis dahin hatte man gedacht, Leben sei bei Temperaturen höher als 50°C unmöglich. T. aquaticus lebt bei über 70°C. Viele Archaea leben in siedend heißen Quellen. Mit der Entdeckung von »Stamm 121« im Jahr 2003 wurde ein neuer Temperaturrekord aufgestellt. Stamm 121 lebt bei 121°C und hält sogar 130°C für kurze Zeit aus.

Andere Archaea leben in konzentrierten Salzlösungen (Halophilie) oder Säuren (Acidophilie). Wieder andere existieren unter extremen Drücken (Barophilie). Auch die Stoffwechsel- und Ernährungsgewohnheiten von Archaea sind alles andere als gewöhnlich. Sulfolo-

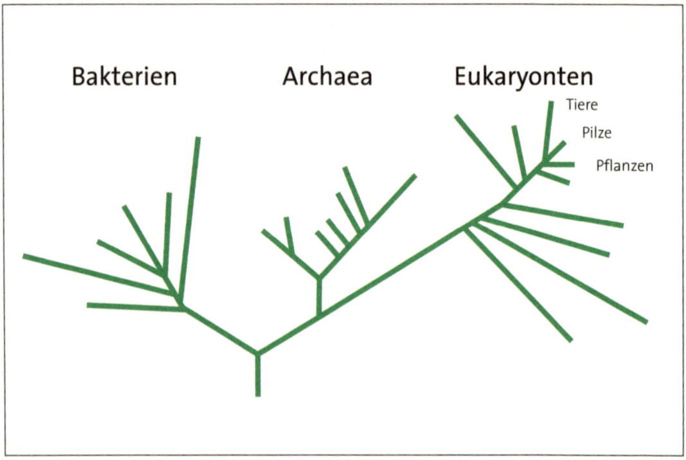

Archaea gehören mit den Bakterien und den Eukaryonten zu den drei grundlegenden Domänen des Lebens.

bus acidocaldarius kümmert sich zum Beispiel nicht um Sauerstoff. Er atmet stattdessen Schwefel. Methanobrevibacter ist ein Methan-produzierender Mikroorganismus im sauerstofflosen Milieu tierischer Verdauungssysteme. Viele dieser ungewöhnlichen Eigenschaften finden sich bei den Archaea kombiniert. Der schon erwähnte Methanococcus jannaschii ist zum Beispiel thermophil und methanogen.

Die frühe Erde war heiß, schwefelreich und sauerstofffrei. Die Vermutung liegt daher nahe, dass Archaea die direkten Nachfahren der ersten Lebewesen sind. Thermophilie wäre dann keine Anpassung, sondern umgekehrt, Mesophilie wäre die Anpassung an die für uns heute üblichen Lebensbedingungen. Das Leben wäre in der Hitze entstanden.

Vor einigen Milliarden Jahren war die Erde im Durchschnitt wärmer als heute, weil sie noch nicht so weit abgekühlt war und wegen eines stärkeren Treibhauseffekts. Es dürfte aber damals auch schon kühlere Orte gegeben haben, sodass wir uns fragen müssen, wie plausibel eine Lebensentstehung bei hohen Temperaturen ist.

Chemische Verbindungen sind bei hohen Temperaturen weniger stabil. Daher glauben Anhänger der Ursuppentheorien, dass Leben in der Kälte entstanden ist. Ein Argument für einen hyperthermophilen Ursprung des Lebens bezieht sich auf die Anpassungsfähigkeit von Enzymen. Enzyme gehen bei erhöhter Temperatur (Fieber!) oft einfach kaputt, während sie bei erniedrigter Temperatur nur langsamer arbeiten. Bei Erhöhung der Temperatur sind daher viele Anpassungen zugleich nötig, damit die Zelle weiterlebt, während bei niedriger Temperatur alles einfach nur langsamer funktioniert. Daraus könnte man schließen, dass es in der frühen Stammesgeschichte zwar eine Bewegung von höheren Temperaturen zu heute üblichen gegeben haben kann, nicht jedoch umgekehrt.

Insgesamt stellen die biochemischen Eigenschaften von Archaea mit den geophysikalischen und chemischen Eigenschaften von Vents, Geysiren und Vulkanen und den abgeleiteten Eigenschaften der Eisen-Schwefel-Welt ein plausibles Szenario für den Ursprung des Lebens dar.

Photosynthese

Photosynthese ist ein zentraler Vorgang in der Biochemie des Lebens. Wir heterotrophen Lebewesen sind darauf angewiesen, dass photoautotrophe Pflanzen Kohlendioxid (CO_2) aus der Luft holen und Kohlenhydrate ($C_6H_{12}O_6$) daraus aufbauen, die wir – direkt oder auf dem Umweg über Tiere – mit der Nahrung aufnehmen.

Auch wenn Photosynthese in den Chloroplasten heute ein komplizierter Vorgang ist, so ist das Grundprinzip doch einfach. Unter Lichteinwirkung werden Ladungen getrennt, so dass sich auf der einen Seite einer Membran die positiven und auf der anderen Seite die negativen Ladungen befinden. Es entsteht also eine Spannung, die wie bei einer Batterie dazu genutzt wird, Arbeit zu leisten. Das kann dann eine ATPase tun. Ein einfaches Photosystem braucht zunächst einen Lichtfänger: Chlorophyll. Weil es die roten Anteile des Lichtes absorbiert, erscheint es grün. Chlorophyll sieht fast aus wie der Häm-Bestandteil von Hämoglobin, dem Sauerstofftransportermolekül der roten Blutzellen; ein weiteres Beispiel, wie in der Evolution oft fast gleiche Elemente für sehr verschiedene Zwecke eingesetzt werden.

In der Membran von Chloroplasten werden die durch die Sonne freigesetzten Elektronen dazu genutzt, Protonen von innen nach außen über die Membran zu transportieren. Die Elektronen selbst wurden dem Wasser entzogen. Der Sauerstoff des Wassers wird oxidiert, es entsteht elementarer Sauerstoff (O_2). Der Protonengradient zwischen der inneren und äußeren Chloroplastenmembran ermöglicht, ganz ähnlich wie bei Mitochondrien, die Synthese von ATP. In den so genannten Dunkelreaktionen der Photosynthese wird die in ATP (und NADPH) gespeicherte Energie dazu aufgewandt, Kohlendioxid (CO_2) zu binden. Der Kohlenstoff wird so reduziert und fixiert. Es entstehen Kohlenhydrate.

Chloroplasten und Mitochondrien sind von Membranen abgegrenzte Organellen, mit denen eukaryontische Zellen Energie gewinnen. In Chloroplasten entstehen Sauerstoff und Kohlenhydrate, in Mitochondrien werden sie verbraucht. Man könnte uns chloroplastenlose Tiere als Pflanzenparasiten bezeichnen.

Die energieliefernden Organellen der Eukaryonten stammen aus Prokaryonten, die vor einigen Milliarden Jahren von anderen Prokaryonten aufgenommen wurden. Das erklärt, warum Chloroplasten und Mitochondrien ein Genom, RNA-Polymerase und Ribosomen haben.

Photosynthese ist aber weder auf Chloroplasten noch auf die Oxidation von Wasser zu Sauerstoff angewiesen. Schwefelbakterien zum Beispiel sind einzellige Lebewesen, die statt Wasser Schwefelwasserstoff (H_2S) als Elektronenquelle vorziehen, es entsteht also elementarer Schwefel. Oxygene (sauerstoffproduzierdende) Photosynthese ist evolutionär so alt, dass sich vor 2,3 Milliarden Jahren die Atmosphäre merklich mit Sauerstoff anzureichern begann.

Die Minimalzelle

Wir wollen die Vorgeschichte des Lebens aufklären und haben nur unzureichende Aufzeichnungen aus der Vergangenheit. Wir könnten die Idee verfolgen, einer Zelle alles wegzunehmen, was nicht notwendig ist, um so herauszufinden, was die Minimalvoraussetzungen für eine lebensfähige Zelle sind. Die erste Zelle könnte der einfachstmöglichen ähnlich sein. Daher beschäftigen sich einige Wissenschaftler damit, im Labor oder im Computer Zellen so abzuspecken, dass sie noch lebensfähig sind, aber mit einer minimalen Zahl an Genen auskommen.

Bacillus subtilis braucht nur 270 oder 6,6 % seiner 4100 Gene. Das wurde festgestellt, indem man zufällig einzelne Gene ausschaltete und dann überprüfte, ob das Bakterium noch lebensfähig war. B. subtilis kann also auf je eines von 93,4 % seiner Gene verzichten. Von den 480 Genen des Parasiten Mycobacterium genitalum sind circa 270 bis 380 Gene (55–80 %) essentiell (lebensnotwendig). Bei Bäckerhefe, einem einzelligen Eukaryonten, hat man sogar jedes einzelne der 6100 Gene gezielt ausgeschaltet. Nur 1124 Gene waren essentiell. Bei dem Fadenwurm Caenorhabditis elegans, einem einfachen mehrzelligen Lebewesen, waren es nur circa 1100 oder 5,4 % der circa 20 000 Gene. Diese Versuche zeigen, dass ein Einzeller mit circa 300 Genen und ein Eukaryont mit ungefähr 1000 Genen auskommen dürften.

Das Fehlen von zwei oder mehr eigentlich nicht essentiellen Genen kann durchaus dazu führen, dass der Organismus nicht mehr lebensfähig ist. Man müsste also theoretisch alle möglichen *Kombinationen* von Genen ausschalten, um auf diese Weise unter allen vorhandenen Genen das Minimalgenom zu identifizieren.

Nach einem anderen Verfahren auf der Suche nach der Minimalzelle wird die Schnittmenge aller Gene verschiedener Genomen gebildet. Im Jahr 1995 lagen zum ersten Mal die Gensequenzen von zwei Einzellern vollständig sequenziert vor, das von Haemophilus influenza und M. genitalum. Die Schnittmenge dieser beiden Genome besteht aus 256 Genen. Man hatte aber übersehen, dass es essentielle Funktionen gibt, die in einem andern Organismus von einem anderen, nicht verwandten Gen ausgeübt werden. Wenn man das mit berücksichtigt, kommt man auf 500 bis 600 Gene. So wenig Gene braucht also ein Minimalgenom.

Berücksichtigt man alle der inzwischen mehr als hundert sequenzierten Genome, so finden sich nur circa 60 Gene, die eindeutig in *allen* Organismen zu identifizieren sind. Interessanterweise sind davon mehr als die Hälfte für die Translation erforderlich.

Der beste Beweis für eine Theorie ist erbracht, wenn man das beschriebene System aus seinen Einzelteilen nachbauen kann. Gut möglich, dass es in den nächsten Jahren gelingt, ein künstliches Genom herzustellen. Hat man damit Leben im Reagenzglas gemacht? Sicher nicht. Auch die vollständige DNA eines Lebewesens lebt nicht. Auch wenn sie die gesamte genetische Information eines Lebewesens enthält, so ist sie nur ein Teil eines selbst-replizierenden Systems.

Evolution im Reagenzglas

Leben im Laboratorium neu zu schaffen, das ist eine Idee, die Wissenschaftler und das große Publikum gleichermaßen fasziniert. Frankensteins Monster und Goethes Faust spielen mit diesem Wunsch- oder Albtraum. Etwas nüchterner betrachtet geht es darum, Lebensprozesse im Labor nachvollziehen und genau studieren zu können. Stellvertretend für das Labor steht das Reagenzglas, man spricht daher von Untersuchungen in vitro (im Glas) im Unterschied zu den Vor-

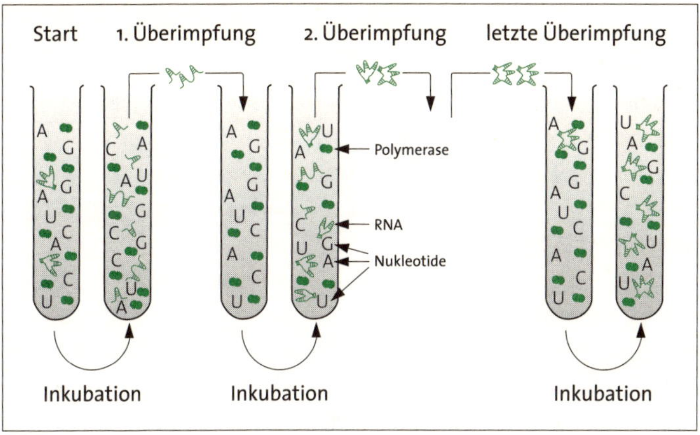

Evolution von RNA im Reagenzglas. Die RNA wurde von einer Phagen-Polymerase repliziert und nach Überimpfen auf eine schnelle Replikation selektiert.

gängen in vivo (im Leben). Ein Markstein dieses Programms war Friedrich Wöhlers Herstellung von Harnstoff ($CO(NH_2)_2$) aus Ammoniumcyanat (NH_4OCN) im Jahr 1828. Dieses Experiment zeigte, dass es prinzipiell möglich ist, organische Stoffe aus anorganischen herzustellen, und dass die beiden Klassen von Stoffen durch keine geheimnisvolle Lebenskraft unterschieden sind. Folglich wurden organische Verbindungen als kohlenstoffhaltige Verbindungen neu definiert.

Ein weiterer Markstein war die von Buchner 1896 durchgeführte alkoholische Gärung außerhalb von lebenden Zellen, die Pasteur für nicht möglich gehalten hatte. Zur gleichen Zeit konnte Jacques Loeb die Embryonalentwicklung von Seeigeln chemisch und ohne Befruchtung (parthenogenetisch) auslösen: Er propagierte Biologie als eine Ingenieurswissenschaft.

Besonderes Aufsehen erregen Versuche, in denen *Evolution* im Reagenzglas stattfindet. Zu den Klassikern gehören die von Sol Spiegelman Ende der 60er Jahre durchgeführten Transferexperimente, bei denen eine RNA-Sequenz über mehrere Generationen vervielfältigt wurde. Dazu braucht man natürlich Enzyme. Ebenso ist es möglich, RNA-Sequenzen in vitro zu vermehren und für bestimmte Zwecke zu selektieren. Diese Experimente zeigen, dass die postulierten Reaktionen in der RNA-Welt tatsächlich stattgefunden haben können, und sind möglicherweise auch ein neues Werkzeug der pharmakologischen Forschung.

Steven Benner und seine Arbeitsgruppe haben kürzlich In-vitro-Experimente unternommen, die ein wenig an ›Jurassic Park‹ erinnern. Nur dass hier keine ausgestorbenen Dinosaurier, sondern lediglich ein einzelnes ausgestorbenes Enzym künstlich hergestellt wurde. Aus Sequenzvergleichen von heute existierenden Proteinen wurde die Aminosäure-Sequenz eines eine Milliarde Jahre alten Enzyms abgeleitet. Die dieses Protein kodierende DNA wurde dann künstlich hergestellt und in Coli-Bakterien eingebaut, sodass diese das Protein herstellen. Das ist ein seit Jahrzehnten übliches Verfahren zur Herstellung von Proteinen. Damit hielten die Wissenschaftler erstmalig ein aktives Enzym in Händen, wie es in Bakterien vor einer Milliarde Jahren existiert hat, und konnten es auf sein Verhalten bei verschiedenen Temperaturen untersuchen. Es hatte ein Temperaturoptimum von 60°C und stützte damit die Theorie eines hyperthermophilen Lebensursprungs.

Fossilien und Luftbläschen

Die Erdrinde ist ein großes Museum; aber ihre naturgeschichtliche Sammlung ist unvollständig und sagt über bedeutende Zeitabschnitte nichts aus.

Charles Darwin

Fossilien sind notorisch schwierig. Bereits die Menschheitsgeschichte lässt sich nicht zweifelsfrei aus Fossilien rekonstruieren. Und je weiter wir in der Stammesgeschichte zurückgehen, desto ärmer wer-

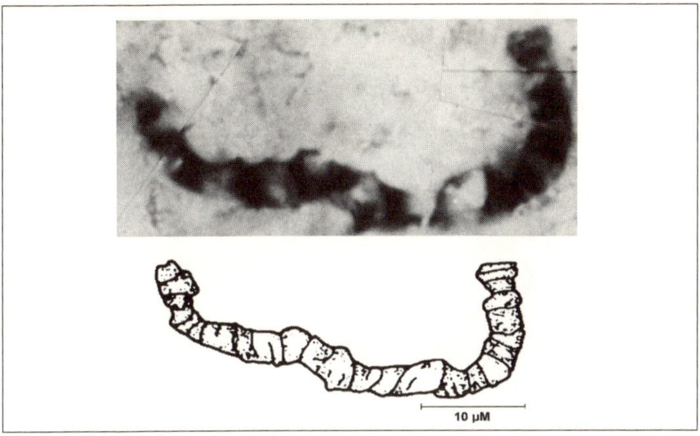

Schopfs »Fossilien« und eine interpretierende Nachzeichnung

den die Funde. In vorkambrischen Zeiten (älter als 550 Millionen Jahre) wird es sehr dürftig, weil die ersten Lebewesen zu weich, zu flüchtig, zu klein waren. Das Alter der Gesteine setzt dem Alter von Fossilien eine obere Grenze. Die ältesten Gesteine sind vier Milliarden Jahre alt.

Welche Überbleibsel gibt es also aus der Frühzeit des Lebens? Stromatolithen und Bändererze (BIFs, banded iron formations) sind schichtartige Ablagerungen, die bis zu 3,5 Milliarden Jahre alt sind. Ob es sich bei solchen Ablagerungen tatsächlich um Überbleibsel von Bakterien handelt, versucht man mit der ^{12}C / ^{13}C-Methode herauszufinden. Kohlendioxid (CO_2) aus dem leichteren ^{12}C-Isotop wird bevorzugt verstoffwechselt, sodass biogene Ablagerungen mehr ^{12}C enthalten sollten. Ein größeres ^{12}C / ^{13}C-Verhältnis könnte aber auch durch unbiologische Metamorphosen der Gesteine entstehen. Von den ältesten Stromatolithen und BIFs ist nicht erwiesen, dass sie wirklich Ablagerungen von lebenden Zellen sind.

Eindrucksvoll sind direkte Abdrücke von Einzellern in Sedimenten. Solche Abdrücke wurden in Westaustralien von Bill Schopf entdeckt, der Gesteine in feine Scheiben geschnitten und mit einem Mikroskop untersucht hatte. Diese Funde sollen ebenfalls bis zu 3,5 Milliarden Jahre alt sein, und die Zellen mussten schon recht komplex gewesen sein. Um Abdrücke zu hinterlassen, mussten sie eine Zellwand haben. Die von Schopf gefundenen Zellen ähneln Cyanobakterien, sodass man annahm, dass die Sauerstoff erzeugende Photosynthese ebenfalls so alt ist.

Schopf hat seine Urzellen 1993 veröffentlicht. Die Bilder sind seither in fast jedes Lehrbuch der Evolution aufgenommen worden. Zusammen mit dem Miller-Experiment gehören die Schopf'schen Zellen zu den häufigsten Assoziationen zum Lebensursprung. Inzwischen wird die Echtheit dieser Zellen in Zweifel gezogen. Martin Brasier aus Oxford hält es für fraglich, ob es wirklich photosynthetische Bakterien oder überhaupt lebende Zellen waren. Möglicherweise handelt es sich um Einschlüsse von Gasblasen, die bei der Sedimentbildung durch das Gestein geperlt sind. Außerdem scheint Schopf bei seinen Gesteinsschnitten speziell die Formen ausgesucht zu haben, die Bakterien am ähnlichsten sehen. Der Streit zwischen Schopf und Brasier ist noch nicht entschieden. Inzwischen glauben aber viele Paläontologen, dass die oxigene Photosynthese vor weniger als 3,5 Milliarden entstanden ist.

Sex

In einem Lebewesen ist alles auf die Fortpflanzung hin angelegt. Von welch anderem Schicksal könnte ein Bakterium, eine Amöbe, ein Farn träumen, als zwei Bakterien, zwei Amöben, mehrere Farne zu werden?

François Jacob

Bakterien erfüllen sich den Traum von der Fortpflanzung auf lustlose Weise. Sie teilen sich, wenn sie ihre DNA verdoppelt haben. Dieses einsame Programm ist in den vergangenen Milliarden Jahren so optimiert worden, dass es in weniger als einer halben Stunde ablaufen kann. Joshua Lederberg und Edward Tatum entdeckten 1946 den Bakterien-Sex, auch Konjugation genannt. Dabei wird ein Stück DNA von einem Bakterium in ein anderes übertragen und kann in dessen Genom eingebaut werden. Echter Sex ist das nicht.

In der Oogenese und Spermatogenese entstehen aus Zellen mit doppeltem Chromosomensatz Ei- und Samenzellen mit einfachem Chromosomensatz, die mit der Befruchtung wieder zu diploiden Zellen verschmelzen. Echter Sex ist also – genetisch gesehen – der Wechsel von haploiden zu diploiden Zellen und wieder zurück zu haploiden. Was ist der Vorteil dieses komplizierten Verfahrens?

Es mag überraschen, aber es ist evolutionsbiologisch nicht leicht zu erklären, was der Vorteil von Sex ist. Bei näherem Hinsehen erscheint Sex eher ein Nachteil. Immerhin braucht man zwei Geschlechter, von denen eines, das männliche, recht nutzlos ist. Der Evolutionsbiologe und Haldane-Schüler John Maynard Smith (1920–2004) hat gezeigt, dass Jungfernzeugung die bessere Alternative sein könnte: Ein sich durch Parthenogenese (Jungfernzeugung) selbst fortpflanzendes Weibchen, das zwei Nachkommen zur Welt bringt, hätte nach vier Generationen 30 Nachkommen, während ein Pärchen, das sich sexuell fortpflanzt, nur acht Nachkommen hätte. Selbst wenn das sich parthenogenetisch vermehrende Weibchen zufällig mal ein Männchen zur Welt brächte, würden Männchen schnell wieder aussterben. Umgekehrt wäre es für das Sex-Weibchen ein Vorteil, auf Parthenogenese umzuschalten. Jede Theorie zur Entstehung von Sex muss beweisen, dass er diesen Vorteil der Parthenogenese aufwiegt.

Nach einer anerkannten Theorie mildert Sex den Effekt von Mutationen, weil durch ihn ein Genom frisch kombiniert wird. Gleichzeitig sind in dem diploiden Genom Mutationen konserviert, die Anpassungen beschleunigen können. Das Auftreten von Sex könnte den evolutionären Druck auf die Fehlerkorrektursysteme der Zelle entlastet haben, da es mit den bei steigender Genomgröße zunehmenden

John Maynard Smith (1920–2004)

Genauigkeitsanforderungen überproportional schwierig ist, Fehler zu korrigieren.

Eine andere Theorie ist die »Rote-Königin-Theorie«, benannt nach der roten Königin aus Lewis Carolls ›Alice im Spiegelland‹. Alice wundert sich, dass sie die ganze Zeit gerannt ist und immer noch unter dem gleichen Baum steht. Die Königin sagt: »Man muss rennen, so viel man kann, um am gleichen Ort zu bleiben.« Im evolutionären Rüstungswettbewerb zwischen Parasiten und ihren Wirten muss man eine Menge leisten, um den Status quo zu bewahren. Parasiten haben oft so kurze Generationszeiten, dass sie sich schnell an neue Abwehrmechanismen anpassen können. Sex ist ein Weg, wie behäbigere Organismen mit langen Generationszeiten ihre genetische Variabilität im Kampf gegen Parasiten effektiver ändern können als andere, asexuelle Organismen.

Diese beiden Modelle verstehen Sex also als Schutz vor Mutationen oder als Schutz gegen schneller evolvierende Parasiten. Sie erklären jedoch nur, warum Sex nicht ausstirbt, nicht aber, wie er entstanden ist. Zufällige Verdopplungen des Genoms könnten dabei entscheidend gewesen sein. Verdopplungen einzelner Gene und ganzer Genome spielen eine wichtige Rolle in der Evolution. Sie sind die Basis von Variabilität und Differenzierung. Die erste diploide Zelle entstand, als eine Zelle ihr ganzes Genom verdoppelte, ohne sich zu teilen. Das dürfte ein evolutionärer Vorteil gewesen sein. Diploide Zellen tragen sozusagen eine Sicherheitskopie mit sich herum. Die Moleküle für die Rekombination sind entstanden aus den Molekülen, die bereits bei asexuellen Bakterien die Fehler in der DNA korrigieren. Die sexuelle Praxis der Säugetiere und anderer Eukaryonten ist nicht wirklich neu.

Zufall oder Notwendigkeit

Wie wahrscheinlich war die Entstehung des Lebens? Vier einfache Gedankenexperimente sollen deutlich machen, wie schwierig der Umgang mit Wahrscheinlichkeiten bei der Frage nach der Rolle von Zufall und Notwendigkeit in Evolutionsprozessen ist. Wir würfeln zunächst mit einem sechsseitigen Würfel zwanzigmal und schreiben die Ergebnisse auf. So erhalten wir eine Reihe aus zwanzig Ziffern zwischen eins und sechs. Wie zufällig ist diese Reihe? Die Wahrscheinlichkeit, genau diese Reihe zu erzeugen, ist 1 in 6^{20}, das ist 1 in 100 Billionen, eine 1 mit 14 Nullen, also ziemlich unwahrscheinlich. Diese von uns erwürfelte Reihe hat aber eine Besonderheit: *Wir* haben sie erzeugt! Sie ist zwar nur eine von 100 Billionen Reihen dieser Art, aber sie ist genau die, die wir erzeugt haben. Wenn man sich, von einem *beliebigen* Ereignis ausgehend, die Kette von Ursachen veranschaulicht, die zu diesem Ereignis geführt haben, so wird man eingestehen müssen, dass etwas sehr Unwahrscheinliches geschehen ist.

Wir können unser Würfelexperiment verändern, indem wir ein Selektionskriterium einbauen: Die gewürfelte Zahl wird nur aufge-

3	3	6	4	5	3	1	5	3	4	4	2	3	2	6	2	1	6	5	5
5	4	2	2	1	1	1	1	1	1	1	1	1	1	1	1	1	1	1	1
6	4	6	2	6	4	6	4	6	2	4	6	4	4	2	6	2	6	4	6
5	3	2	1																

Vier Gedankenexperimente zu Selektion und Evolution

schrieben, wenn sie kleiner oder gleich der vorherigen Zahl ist. Obwohl die so erhaltene Folge immer noch zufällig ist, ist sie doch absehbar: Früher oder später landen wir immer bei einer Folge von Einsen. Durch ein einfaches Selektionskriterium haben wir aus einer völlig chaotischen Folge von Ziffern eine ab einem Punkt völlig vorhersehbare gemacht.

Diese beiden Gedankenexperimente kennzeichnen die Extrempunkte der Vorstellung davon, wie wahrscheinlich die Entstehung des Lebens war. Entweder ein völlig zufälliger und extrem unwahrscheinlicher Vorgang oder ein Prozess, der früher oder später einen bestimmten Ausgang haben muss: Leben. Nach Jacques Monod (1910–76) sind wir »Zigeuner am Rande des Universums«. Für Christian de Duve (*1917) hingegen ist das Leben eine »kosmische Notwendigkeit«. Jeder setzt die Grenze der Wahrscheinlichkeit dort, wohin ihn seine Wissenschaft trägt. Nach Ansicht von Eörs Szathmáry und John Maynard Smith hätte die Evolution durchaus auch auf der Stufe der Prokaryonten stehen bleiben können.

Wie wir gesehen haben, hängt die Antwort entscheidend von den Auswahlkriterien ab. In einem dritten Gedankenexperiment können wir fordern, dass die gewürfelte Ziffer immer durch zwei teilbar ist. Auf diese Weise ist der mögliche Zahlenraum (die Ziffern 1 bis 6) um 50 % eingeschränkt. Der Verlauf unseres Experiments ist aber immer noch unvorhersehbar. Trotzdem hatte diese kleine Einschränkung drastische Folgen. Durch die Beschränkung auf drei statt sechs Ziffern haben wir den möglichen Ergebnisraum auf 3,5 Milliarden mögliche Ergebnisse und damit auf ein Millionstel eingeschränkt.

Es fällt schwer, Entwicklungen zu überblicken, die sich über viele Generationen erstrecken, weil sich dahinter exponentielle Vorgänge verbergen. Ein modernes Bakterium, das sich alle zwanzig Minuten teilt, durchläuft zwanzig Generationen in weniger als sieben Stunden. Für den Menschen sind seit dem Mittelalter, also seit vier Millionen Stunden, gerade mal zwanzig Generationen vergangen. Der Mensch ist aus der Perspektive der Evolution recht träge.

Machen wir ein viertes Gedankenexperiment. Wir würfeln wieder zwanzigmal. Diesmal schreiben wir das Ergebnis aber nur dann auf (Selektion), wenn es kleiner als das vorherige ist. Wahrscheinlich werden wir gar nicht dazu kommen, zwanzig Zahlen aufzuschreiben: Nach der ersten Eins ist unser Experiment beendet. Kleiner geht's nicht. Unsere Art stirbt aus. Die ökologische Katastrophe ist eingetreten.

Wir sehen, wie sorgfältig die Komponenten in unserem Evolutionssystem aufeinander abgestimmt sein müssen. Wie gut das so genannte Leben und die so genannte Umwelt aufeinander eingespielt sind, ist nur schwer zu begreifen. Die Illusion einer bis zum Mars reichenden Autarkie scheint selbst ein Produkt dieses Anpassungsprozesses zu sein. Das von uns als solches wahrgenommene, aber immer nur vorläufige »Ergebnis« von Evolution steht in eigenartigem Widerspruch zu ihrer »Methode«. Evolution ist kein Ingenieur. Nach François Jacob (*1920) arbeitet sie wie »ein Bastler, der nicht genau weiß, was er baut, aber all das benutzt, was er in der Nähe findet, sei es ein Bindfaden, ein Holzstück, oder einen alten Karton. Kurz, sie arbeitet wie ein Bastler, der alles unmittelbar Greifbare benutzt, um daraus was Funktionsfähiges zu machen. Ein Ingenieur braucht saubere Materialen und die richtigen Werkzeuge für sein Projekt. Der Bastler muss mit dem Vorhandenen improvisieren können.« Gelegenheiten, nicht Pläne, bestimmen das Ergebnis.

Das Leben – eine Metapher

Die DNA, der Träger der genetischen *Information*, wird durch *Transkription* in Boten-RNA umgeschrieben. Die RNA wird gemäß dem genetischen *Code* durch *Translation* in die Sprache der Proteine übersetzt. Der Text der Gene wird also in einen Proteintext übersetzt. Der genetische Code, das *Alphabet* des Lebens, wurde Anfang der 60er Jahre *entziffert*, und heute sind wir in der Lage, genetische Information mit *Sequenzier*geräten zu *lesen*, mit Synthese-Robotern zu *schreiben*, mit der Polymerase-Kettenreaktion zu *vervielfältigen* und durch gezielte Mutagenese zu *redigieren*, also umfassend zu *editieren*. Als im Juni 2000 der *Text* eines fast vollständigen menschlichen Genoms der Presse vorgestellt wurde, sagte der damalige amerikanische Präsident: »Heute lernen wir die *Sprache*, in der Gott das Leben geschaffen hat.« Und Francis Collins, der Leiter des Genomprojektes der amerikanischen Regierung, fügte hinzu: »Wir erkennen mit Ehrfurcht, dass wir zum ersten Mal einen Blick auf unseren eigenen Bauplan (instruction *book*) werfen können, wie er vorher nur Gott bekannt war.« Abgesehen von den bizarren Verweisen auf Gott, fällt auf: Sowohl für Abläufe in der Zelle wie auch für den Umgang mit Genen werden Metaphern aus den Bereichen Sprache, Computer und Informationswissenschaften verwendet.

Dafür dürfte es mehrere Gründe geben. Erstens sind es ausdrucksvolle und nahe liegende Metaphern, die universell verständlich sind; die der Übersetzung von einer Sprache in eine andere zum Beispiel. Zweitens haben sich die Informationswissenschaften und die Molekularbiologie teilweise parallel entwickelt. In beiden Disziplinen haben sich in den 40er und 50er Jahren zentrale Begriffe und Konzepte herausgebildet. Konzepte, die dann seit den 70er Jahren angewendet werden, seitdem es möglich ist, DNA im Labor gezielt zu manipulieren und schnell zu vervielfältigen. Vergleichbar haben in den 40er und 50 Jahren Vordenker der Informationstheorie und -technologie grundlegende Konzepte und Werkzeuge der entstehenden Computerwissenschaften entwickelt. Im Krieg wurde verschlüsselt und dechiffriert. Die ersten »Elektronengehirne« wurden gebaut. Die entstehende Informationswissenschaft hieß in den 60ern noch Kybernetik.

Molekularbiologie und Informationswissenschaften hatten in der Mitte des 20. Jahrhunderts ihre prägende Phase, dabei wurden Begriffe zwischen den entstehenden Wissenschaften ausgetauscht, ähnlich wie Gene beim horizontalen Gentransfer. Der Bioinformatik-Boom in den 90er Jahren stellt gewissermaßen die praktische Synthese dieser beiden Richtungen dar und hat die Sequenzierung großer Genome ermöglicht.

Der Hinweis auf Sprach- und Textmetaphern in der Molekularbiologie verweist auf die speziellen Entstehungsbedingungen dieser wissenschaftlichen Disziplin. Und er sensibilisiert für den Umgang mit der Sprache von Wissenschaftlern und Journalisten. Metaphern sind in der Wissenschaft von besonderer Bedeutung. Wenn wir von Genen oder Proteinen sprechen, verweisen wir stets auf etwas, das in seiner Wirkungsstruktur nur mittelbar sichtbar ist. Daher ist die Wahl der Metaphern von entscheidender Bedeutung für den Umgang mit diesen Entitäten. Einen Text, der keine Information enthält, kann weder ein Ribosom noch ein Wissenschaftler übersetzen. Texte verlangen aber nach Interpretation. In welchem Maße und auf welche Weise Metaphern den Gang der Forschung beeinflussen und unser Bild vom Leben bestimmen, ist weitgehend unerforscht.

Die spezifische Weise, in der Metaphern in der Molekularbiologie verwendet werden, ist in letzter Zeit kritisiert worden. Ein Teil der Kritik richtet sich auf die Begriffe *Code* und *Information*. Der genetische Code ist aber lediglich eine Zuordnungstabelle von Codons und Aminosäuren. Ebenso unzweifelhaft ist DNA ein informationstragendes Molekül. Das Problem besteht darin, dass wir viele der Metaphern für die mikroskopische und submikroskopische Welt doch ein wenig zu wörtlich nehmen: Wo eine codierte Information vorliegt, da muss es doch jemanden geben, der sie codiert hat. Eine Ursuppe muss letztlich jemand auslöffeln. Einen Text muss jemand geschrieben haben. Der genetische Text ist ein Text, der sich selbst geschrieben hat. Das macht seine Faszination aus. *Am Anfang war das Wort*. Wer sich dieses Wort jetzt als ein Stück RNA vorstellt, muss genau festlegen, *welcher* Anfang gemeint ist.

GLOSSAR

Abiogenese – Entstehung von Leben aus anorganischer Materie in einem historischen Prozess. *s. S. 10, 13*

aerob – unter Verbrauch von Sauerstoff (Atmung). Aerobe Atmung ist eine effizientere Form der Energiegewinnung als Gärung. *s. S. 4*

Aminosäuren – Bausteine der Proteine. Aminosäuren haben eine Aminogruppe ($-NH_2$) und eine Säuregruppe ($-COOH$). Zweiundzwanzig verschiedene Aminosäuren können durch Translation in die entstehende Proteinkette eingebaut werden.

ATP – Adenosintriphosphat, wichtigster zellulärer Energiezwischenspeicher. Bei der Auftrennung einer Phosphatbindung von ATP wird Energie freigesetzt. *s. S. 4, 79 ff.*

ATPasen – Enzyme, die unter Energieverbrauch ATP herstellen oder ATP spalten und dabei Energie freisetzen. *s. S. 81*

Archaea – sind einzellige Mikroorganismen. Sie bilden neben den Eubakterien (echte Bakterien) und den Eukaryonten eine der Domänen aller Lebewesen. Archaea (gelegentlich auch Archaebakterien genannt) leben oft unter extremen Bedingungen (über 100°C, kein Licht, kein Sauerstoff, viel Salz). *s. S. 67 ff., 99 ff.*

autotroph – Autotrophe Zellen gewinnen Energie und Nährstoffe aus anorganischen Quellen (anorganische Verbindungen, Lichtenergie). Gegenteil: heterotroph. *s. S. 58, 65*

Bakteriophage – Virus, das Bakterien infiziert. *s. S. 90*

Blausäure – Cyanwasserstoff (HCN). *s. S. 40*

Chloroplast – Organell in einer Pflanzenzelle oder Alge, in dem die Photosynthese stattfindet. Chlorophyll ist das Lichtfänger-Molekül der Chloroplasten. *s. S. 17, 102*

Codon – Dreiersequenz auf der mRNA, an die eine tRNA bindet. *s. S. 45, 93ff.*

Deuterium – Schwerer Wasserstoff. Der Atomkern des Deuteriums besteht aus einem Proton und einem Neutron. *s. S. 23, 36*

DNA – Nukleinsäure-Polymer, Träger der genetischen Information, liegt als Doppelhelix vor.

Emergenz – Bezeichnung für die Entstehung einer neuen Eigenschaft ohne Vorläufer auf einer niedrigeren Organisationsebene. *s. S. 91*

Endosymbiose – Dauerhafte symbiotische Aufnahme einer Zelle durch eine andere. Chloroplasten und Mitochondrien sind Endosymbionten. *s. S. 71f.*

Entropie – Maß für den Ordnungszustand eines Systems. In geschlossenen Systemen kann die Entropie nur zunehmen. Der Begriff der Entropie verbindet die klassische Wärmelehre mit der statistischen Thermodynamik. *s. S. 33f., 82*

Enzym – Biokatalysator. Enzyme sind meist Proteine, aber auch RNA kann katalytische Eigenschaften haben (Ribozyme).

Eukaryonten – Organismen aus Zellen mit Zellkern und anderen Organellen. (Gegenteil: Prokaryonten). Umfasst alle vielzelligen Lebewesen (Pflanzen, Tiere, Pilze) sowie zahlreiche Einzeller.

Exons – Abschnitte der DNA oder mRNA, die tatsächlich in Protein übersetzt werden. Gegenteil: Introns. *s. S. 52*

Gameten – Keimzellen. *s. S. 6*

Gen – funktionelle Einheit der DNA. Ein Gen kann z.B. eine rRNA kodieren oder ein Protein (Enzym, Transkriptionsfaktor, Cytoskelettbestandteil, etc.).

Genom – Die Gesamtheit der Gene eines Organismus. *s. S. 20, 62*

Genotyp – Die genetische Information eines Organismus. Der Genotyp manifestiert sich im Phänotyp. *s. S. 15, 66*

genetischer Code – Zuordnung der Nukleotidtriplets (Codons) zu den Aminosäuren. Der genetische Code ist also eine »Übersetzungstabelle«, nach der bei der Translation die Aminosäuren der Proteine der Basenfolge der mRNA zugeordnet wird. In der Zelle ist der genetische Code durch Beladung bestimmter tRNAs mit bestimmten Aminosäuren repräsentiert. *s. S. 96 ff.*

Hefen – sind einfache Eukaryonten mit ca. 6000 Genen. Sind ein wichtiger Modellorganismus in der molekularen Zellbiologie. *s. S. 31, 76 f.*

Heterotrophie – Heterotrophe Lebewesen sind auf die Zufuhr von höhermolekularen (organischen) Kohlenstoffverbindungen wie Kohlenhydraten oder Aminosäuren angewiesen. *s. S. 32, 43*

horizontaler Gentransfer (HGT) – direkte Übertragung von Genen zwischen Organismen. Der HGT erschwert die Stammbaumanalyse, da er zunächst getrennte Äste eines Stammbaums miteinander verbindet. *s. S. 67*

Introns – Sequenzen, die bei Eukaryonten aus der unreifen mRNA herausgeschnitten und nicht in Protein übersetzt werden. *s. S. 51, 92*

Isomere – Chemische Verbindungen, die aus den gleichen Atomen bestehen, die aber unterschiedlich angeordnet sind. *s. S. 25*

Katalysatoren – beschleunigen chemische Reaktionen, ohne selbst im Produkt zu erscheinen. Enzyme sind zelluläre Katalysatoren. Auch Oberflächen von Mineralien oder Schwermetalle können katalytische Eigenschaften haben. *s. S. 4, 92*

Keimbahn – Teil des Körpers, dessen genetische Information durch Vererbung weitergegeben werden kann. Beim Menschen sind Eizellen und Spermien bzw. dessen Vorläufer die Keimbahnzellen. Gegenteil: Soma (Körper). *s. S. 15, 73*

Koazervate – kolloidale Strukturen, die wie Zellen aussehen. *s. S. 29 f.*

Kohlenhydrate – Chemische Verbindungen wie Saccharose (Rohr- und Rübenzucker) oder Fruktose (Fruchtzucker). Glukose (Traubenzucker) ist in der Zelle der wichtigste Zucker. Stärke ist ein Polymer aus vielen Zuckerbausteinen. *s. S. 4 f., 79 f.*

Kompartiment – meist durch eine Membran abgetrennter Reaktionsraum. *s. S. 3 ff.*

Kristall – Festkörper, dessen Bausteine in einem regelmäßigen Gitter angeordnet sind. *s. S. 32ff.*

Lipide – Verbindungen von Fettsäuren mit Mehrfachalkoholen. Lipide sind die Bestandteile von Membranen. *s. S. 31, 99*

Membran – Doppelschicht von Lipidmolekülen. Alle biologischen Membranen enthalten einen beträchtlichen Proteinanteil. Zellen sind von Membranen umgeben, und Eukaryonten enthalten innerzelluläre Membransysteme (Organellen).

Metabolismus – Stoffwechsel *s. S. 22, 63f.*

Minimalzelle – einfachste (denkbare) Zelle, die mit der geringsten Zahl von Genen lebensfähig ist. *s. S. 103f.*

Mitochondrien – innerzelluläre Organellen, in denen die Atmung stattfindet. Mitochondrien haben ein eigenes Genom. *s. S. 26, 70*

Nukleotide – Grundbausteine (Monomere) der Nukleinsäuren RNA und DNA. Jedes Nukleotid besteht aus einer Base (Adenin, Thymin, Cytosin oder Guanin; in RNA Uracil statt Thymin), Ribose (in RNA) oder Desoxyribose (in DNA) als Zucker und einem Phosphatrest, der in den Nukleinsäure-Polymeren die Nukleotide verbindet. Die Basen, gelegentlich auch die Nukleotide, werden mit den Buchstaben A, T, C, G und U abgekürzt.

Oxidation – Abgabe von Elektronen. Ein Stoff, der einen anderen oxidiert, wird dabei selbst reduziert. Sauerstoff ist das bekannteste Oxidationsmittel, das zu Wasser reduziert werden kann. Oxidation ist aber nicht notwendig an Sauerstoff gebunden. *s. S. 4, 26*

Panspermie – Idee zum Ursprung des Lebens, nach der das Leben von Keimen aus dem Universum stammt. Vertreter: Anaxagoras und Arrhenius. *s. S. 8*

Parthenogenese (Jungfernzeugung) – Reproduktion von nur einem Elter ohne Befruchtung . *s. S. 105, 109*

PCR – Die Polymerasekettenreaktion ist ein Verfahren zur Vermehrung von DNA im Reagenzglas. PCR hat seit den 80er Jahren die Molekularbiologie revolutioniert. Alle Genomsequenzierungen beruhen auf PCR. In der RT-PCR entsteht DNA durch Reverse Transkription von RNA. *s. S. 114*

Phänotyp – das äußere Erscheinungsbild eines Organismus im Unterschied zum Genotyp. *s. S. 15, 66*

präbiotisch – vor der Entstehung des Lebens. *s. S. 38 ff.*

Photosynthese – Umwandlung von Lichtenergie in chemische Energie. *s. S. 101 ff.*

Polymer – Verkettung von Einzelmolekülen (Monomeren).

Polymerase – Enzym, das Polymere aus Monomeren aufbaut. RNA-Polymerase z.B. liest den DNA-Doppelstrang ab und synthetisiert die entsprechende RNA-Kette. *s. S. 47*

Prokaryont – Einzeller, die keinen Zellkern und kein inneres Membransystem haben. Zu den Prokaryonten gehören (Eu)Bakterien und Archaea. *s. S. 66, 99*

Protein – Polymer aus Aminosäure-Molekülen. Die Aminosäureketten falten sich zu einer 3D-Struktur. Viele Proteine sind Enzyme.

Quorum Sensing – Bakterien erkennen durch QS die Größe ihrer Population. *s. S. 74*

Reduktion – Elektronenaufnahme, Gegenteil von Oxidation. *s. S. 25*

Replikation – Verdopplung der genetischen Information. Bei der Replikation von DNA wird die Basenpaarung der Doppelhelix aufgehoben, und an den freien Basen werden komplementäre Stränge synthetisiert.

Replikator – informationstragendes Molekül, das vervielfältigt (repliziert) werden kann.

Reverse Transkription – Umschreiben von RNA in DNA durch Reverse Transkriptase. Kommt bei Retroviren vor. Heißt revers, weil es gegen die Richtung des Informationsflusses des Zentralen Dogmas geht. *s. S. 54, 92*

Ribosom – Enzymkomplex, in dem nach einer mRNA-Vorlage Proteine aus Aminosäuren synthetisiert werden. Die einzelnen Aminosäuren binden an die Ribosomen als tRNA-Aminosäure Komplex. Ribosomen bestehen aus Protein und rRNA. *s. S. 45, 54*

Ribozym – RNA mit katalytischen Eigenschaften, »Ribo-Enzym«. *s. S. 54*

RNA – Polymer aus den Ribo-Nukleotiden. RNA ist DNA ähnlich, bildet aber keine ausgeprägten Doppelhelices. Boten-RNA (mRNA oder messenger RNA) ist die Vorlage für die Proteinbiosynthese an Ribosomen. Sie ist kolinear mit der sie codierenden DNA und wird in

Eukaryonten nach der Transkription und vor der Translation gespleißt und modifiziert. tRNA (transfer RNA) ist der Aminosäure-tragende Adapter, der an Codons bindet. rRNA ist RNA von Ribosomen.

Sequenzieren – Bestimmen der Abfolge der Basenpaare eines DNA-Stücks. *s. S. 15, 104*

Transkription – Umschreiben von DNA in RNA durch eine RNA-Polymerase. *s. S. 19, 55*

Translation – Proteinbiosynthese an Ribosomen. Bei der Translation werden Aminosäurepolymere nach einer mRNA-Vorlage aufgebaut. Dazu lagern sich mit einzelnen Aminosäuren beladene tRNAs an die passenden Codons der mRNA. Mit der Aminosäure verlängert sich das Polymer. *s. S. 92 ff.*

Vents – hydrothermale Tiefseequellen, die oft wie Schornsteine aussehen. Da das heiße Wasser, das sie ausstoßen, durch Schwefelverbindungen getrübt ist, heißen sie auch Schwarze Raucher (black smoker). *s. S. 84, 86 f.*

Zentrales Dogma – In der Zelle wird DNA in RNA und diese in Protein umgeschrieben. *s. S. 45, 47*

Zellkern – Intrazelluläres Organell, in dem die genetische Information vorliegt und repliziert und transkribiert wird. *s. S. 69, 99*

PERSONENREGISTER

Literaturhinweise

Bei Übersetzungen gibt die Jahreszahl in Klammern das Erscheinungsjahr des Originals an.

BÜCHER ZUR EINFÜHRUNG UND GESAMTDARSTELLUNGEN

de Duve, Christian: Aus Staub geboren. Heidelberg 1995.

Dyson, Freeman: Die zwei Ursprünge des Lebens. Hamburg 1988 (1985).

Fry, Iris: The Emergence of Life on Earth. Rutgers University Press 2000.

Maynard Smith, John und Szathmary, Eörs: The Origins of Life. Oxford 1999.

Maynard Smith, John und Szathmary, Eörs: Evolution: Prozesse, Mechanismen, Modelle. Heidelberg 1996 (1995).

Rauchfuss, Horst: Chemische Evolution und der Ursprung des Lebens. Berlin 2005.

Shapiro, Robert: Schöpfung und Zufall. München 1987 (1985).

Wills, Christopher und Bada, Jeffrey: The Spark of Life. New York 2000.

CHARAKTERISTIKA DES LEBENS

de Duve, Christian: Ursprung des Lebens. Heidelberg 1994 (1991).

Koshland, D.: The Seven Pillars of Life. Science, Band 295 (2002), Seite 2215–2216.

VORSOKRATIKER

Capelle, Wilhelm: Die Vorsokratiker. Stuttgart 1968.

Mansfeld, Jaap: Die Vorsokratiker. Stuttgart 1988.

URZEUGUNG

Harris, Henry: Things come to life. Oxford 2002.

EVOLUTION UND DARWIN

Darwin, Charles: Die Entstehung der Arten. Stuttgart 1963 (1859).

Dawkins, Richard: The Extended Phenotype. Oxford 1982.

Mayr, Ernst: ...und Darwin hatte doch Recht. München 1994 (1991).

Wieser, Wolfgang: Die Erfindung der Individualität. Heidelberg 1998.

KOSMOLOGIE

Rees, Martin: Vor dem Anfang. Eine Geschichte des Universums. Frankfurt 1998 (1997).

Börner, Gerhard: Kosmologie. Fischer Kompakt, Frankfurt 2002.

OPARIN UND HALDANE

Oparin, Alexander: Die Entstehung des Lebens auf der Erde. Leipzig 1949 (1938).

Haldane, J. B. S.: The Origin of Life. In: On Being the Right Size and other essays. (Ed. Smith, J.M.) Oxford 1985 (1929).

Miller, S. L., Schopf, J.W.; Lazcano, A.: Oparin's ›Origin of Life‹: Sixty Years later. Journal of Molecular Evolution (1997), Band 44, Seite 351–353.

Jukes, T.H.: Oparin and Lysenko. Journal of Molecular Evolution (1997), Band 45, Seite 3339–3341.

Crow, J.F.: Centennial: J. B. S. Haldane, 1892–1994. Genetics (1992), Band 130, Seite 1-6.

SCHRÖDINGER

Schrödinger, Erwin: Was ist Leben? München 1989 (1944).

Welsch, G.R.: Schrödinger's What is Life?: A 50-Year Reflection. TIBS, (1995), Band 20, Seite 45–48.

Zeh, H. Dieter: Entropie. Fischer Kompakt, Frankfurt 2005.

MILLER UND DIE FOLGEN

Miller S.L.: A Production of Amino Acids Under Possible Primitive Earth Conditions. Science, (1953), Band 117, Seite 528–529.

Bada, J.L. und Lazcano, A.: Prebiotic Soup – Revisiting the Miller Experiment. Science, (2003), Band 300, Seite 745–746.

DNA UND MOLEKULARBIOLOGIE

Watson, J.D. und Crick, F.H.C.: Molecular structure of nucleic acids. A structure for deoxyribose nucleic acid. Nature, (1953), Band 171, Seite 737–738.

Fischer, Ernst Peter: Geschichte des Gens. Fischer Kompakt, Frankfurt 2003.

HYPERZYKLUS

Eigen, M. und Schuster, P.: The Hypercycle. Naturwissenschaften, (1977 f.), Band 64, Seite 541–565; Band 65, Seite 7–41, 341–369.

Eigen, Manfred: Stufen zum Leben. München 1987.

RNA-WELT

Gesteland, R.F., Cech, T.R. und Atkins, J.F. (Hg.): The RNA World – Second Edition. CSH Laboratory Press 1999.

Joyce, G.F.: The antiquity of RNA-based evolution. Nature, (2002), Band 418, Seite 214–221.

Steitz, T.A. und Moore, P.B.: RNA, the first macromolecular catalyst: the ribosome is a ribozyme. TIBS (2003) Band 28, Seite 411–418.

OBERFLÄCHEN-STOFFWECHSEL
UND EISEN-SCHWEFEL-WELT

Wächtershäuser, G.: Before Enzymes and Templates: Theory of Surface Metabolism. Microbiological Reviews, (1988), Band 52, Seite 452–484.

Wächtershäuser, G.: The Origin of Life and its Methodological Challenge. Journal of Theoretical Biology, (1997), Band 187, Seite 483–494.

URZELLLE, ARCHAEA UND HGT

Woese, C.: The universal ancestor. PNAS, (1998), Band 95, Seite 6854–6859.

Woese, C.: Interpreting the universal phylogenetic tree. PNAS, (2000), Band 97, Seite 8392–8396.

Wächtershäuser, G.: From pre-cells to Eukarya – tale of two lipids. Molecular Microbiology, (2003), Band 47, Seite 13–22.

ENDOSYMBIOSE

Martin, W. und Müller, M.: The hydrogen hypothesis for the first eukayote. Nature, (1998), Band 392, Seite 37–41.

Rivera, M.C. und Lake, J.A.: The ring of life provides evidence for a genome fusion origin of eukaryotes. Nature, (2004), Band 431, Seite 152–155.

Martin, W. et al.: An overview of endosymbiotic models for the origins of eukaryotes, their ATP-producing organelles (mitochondria and hydrogenosomes), and their heterotrophic lifestyle. Biol Chem (2001) Band 382, Seite 1521...1539.

EVOLUTION DES ALTERNS

Prinzinger, Roland: Altern. In: Fischer, E.P. und Wiegandt, Klaus: Evolution. Geschichte und Zukunft des Lebens. Frankfurt 2003.

EINZELNE THEMEN AUS DEN VERTIEFUNGEN

Bekker, A. et al.: Dating the rise of atmospheric oxygen. Nature, (2004), Band 427, Seite 117–120.

Cody, G.D et al.: Primordial Carbonylated Iron-Sulfur Compounds and the Synthesis of Pyruvate. Science, (2000), Band 289, Seite 1337–1340.

Doerfler, Walter: Viren. Fischer Kompakt, Frankfurt 2002.

Fischer, Ernst Peter: Das Genom. Fischer Kompakt: Frankfurt 2002.

Gaucher, E.A. et al.: Inferring the palaeoenvironment of ancient bacteria on the basis of resurrected proteins. Nature, (2003), Band 425, Seite 285–288.

Haeseler, Arndt und Liebers, Dorit: Molekulare Evolution. Fischer Kompakt, Frankfurt 2003.

Literaturhinweise

Jacob, Francois: Logik des Lebenden. Frankfurt 2002 (1970).

Junker, Thomas: Geschichte der Biologie. München 2004.

Kelley, D.S. et al.: A serpentinite-hosted ecosystem: the Lost City hydrothermal field. Science (2005), Band 307, Seite 1428–1434.

Koonin, E.V.: Comparative genomics, minimal gene-sets and the last universal common ancestor. Nature Reviews in Microbiology, (2003), Band 1, Seite 127–136.

Mills, D.R., Peterson, R.L. und Spiegelman, S.: An Extracellular Darwinian Experiment with a Self-Duplicating Nucleic Acid Molecule, PNAS, (1967), Band 58, Seite 217

Monod, Jacques: Zufall und Notwendigkeit. München 1971 (1970).

Brasier, M.D. et al.: Questioning the evidence for Earth's oldest fossils. Nature, (2002), Band 416, Seite 76–81.

Richter, Klaus und Rost, Jan-Michael: Komplexe Systeme. Fischer Kompakt, Frankfurt 2002.

Ridley, Matt: Eros und Evolution. München 1995 (1993).

Simpson, S.: Wie alt sind die ersten Lebensspuren? Spektrum der Wissenschaft, April 2004, Seite 70–77.

Wächtershäuser, G. und Huber, C.: Activated Acetic Acid by Carbon Fixation on (Fe,Ni)S Under Primordial Conditions. Science, (1997), Band 276, Seite 245–247

Weigmann, K.: The code, the text and the language of God. EMBO Reports, (2004), Band 5, Seite 116–118.

van Zullen, M.A. et al.: Reassessing the evidence for the earliest traces of life. Nature, (2002), Band 418, Seite 627–630.

Ich danke meinen Lehrern, Kollegen und Freunden

Ernst Peter Fischer, Günther Wächtershäuser, Manfred Kroschel, Michael Drieschner, Thomas Junker, Susanne Michl, Marcel Schäfer, Sunanda Marella, Usha Jain, Mathula Thangarajh und Klaus Thoms.

Abbildungsnachweis: S. 53, 77, 83, 94 nach Berg, Biochemistry. Fifth Edition, New York; S. 61, 75, 105 nach Maynard Smith und Szathmary (1995); S. 86 nach Science, Band 289, Seite 1307; S. 100 nach Science, Band 284, Seite 2124; S. 72 nach Rivera und Lake (2004).